"课程思政引擎：初中道德与法治课程基地"建设项目成果

ZOUJIN KECHENG SIZHENG
SIZHENG KECHENG YINLING KECHENG SIZHENG

走进课程思政 上

思政课程引领课程思政

王毅 著

苏州大学出版社
Soochow University Press

图书在版编目(CIP)数据

走进课程思政：思政课程引领课程思政／王毅著
.—苏州：苏州大学出版社，2023.3
ISBN 978-7-5672-4332-3

Ⅰ.①走… Ⅱ.①王… Ⅲ.①政治课-教学研究-中学 Ⅳ.①G633.202

中国国家版本馆 CIP 数据核字(2023)第 053099 号

书　　名：	走进课程思政:思政课程引领课程思政
著　　者：	王　毅
责任编辑：	沈　琴
装帧设计：	吴　钰
出版发行：	苏州大学出版社(Soochow University Press)
出 版 人：	盛惠良
社　　址：	苏州市十梓街1号　邮编：215006
印　　装：	常熟市华顺印刷有限公司
网　　址：	www.sudapress.com
邮　　箱：	sdcbs@suda.edu.cn
邮购热线：	0512-67480030
开　　本：	700 mm×1 000 mm　1/16　印张：11.75　字数：211 千
版　　次：	2023 年 3 月第 1 版
印　　次：	2023 年 3 月第 1 次印刷
书　　号：	ISBN 978-7-5672-4332-3
定　　价：	46.00 元

凡购本社图书发现印装错误，请与本社联系调换。
服务热线：0512-67481020

序

2019年3月18日上午，习近平总书记在北京主持召开学校思想政治理论课教师座谈会并发表重要讲话。他强调，青少年阶段是人生的"拔节孕穗期"，最需要精心引导和栽培。思想政治理论课是落实立德树人根本任务的关键课程，我们办中国特色社会主义教育，就是要理直气壮开好思政课，用习近平新时代中国特色社会主义思想铸魂育人。思政课作用不可替代，思政课教师责任重大。

当前，大学课程思政建设开展得如火如荼，但中学课程思政建设方面理论研究相对滞后，存在题域重复、论调单一等诸多不足，无法有效指导学校课程思政实践，导致中学课程思政改革普遍存在三类问题：一是顶层设计不足，目标不清；二是贯彻落实不够，路径不畅；三是支撑保障不力，成效不明显，无法生成融知识传授、价值疏导、品格涵养、审美熏陶于一体的优质教学内容，德育效果受限，陷入课程思政与思政课程各说各话、单向思维的泥潭。

针对上述问题，张家港市第一中学思政教研组，先是通过申报课题"初中思政课引领课程思政的实践研究"，进行教育教学实践与探索，接着又成功申报了江苏省"课程思政的引擎：初中道德与法治课程基地"建设项目，学校成为江苏省中小学首批思政育人特色学校，在课程思政建设方面走在了前列，积累了值得学习和借鉴的理论与实践探索经验，《走进课程思政：思政课程引领课程思政》这本书便应运而生。本书以思政课程引领课程思政旨归旨趣为问题意识进行逻辑架构。全书分为七章，前三章总体梳理了课程思政的背景、本质内涵、价值旨归、课程思政与思政课程及"大思政课"的关系；

第四章、第五章重点阐释中学课程思政的概要及实施推进；第六章主要论述课程思政的评价尝试；第七章主要列举近两年张家港市第一中学在课程思政建设方面的探索与实践。

本书集学理性与实践性于一体。一是注重顶层设计层面，重理论研究，学理性突出，问题意识鲜明，全面审视新时代给课程思政建设带来的机遇与挑战。二是审视新时代对课程思政建设提出的当代命题，直面改革主体教师的实践困境与学生的现实需求，以孵化、提升、聚焦、指导为目标，挖掘不同学科教学的课程思政元素，创新育人元素，孵化具有文化凝聚力、精神推动力、价值引领力的课程思政建设内容，积极探索社会主义核心价值观和以中华优秀传统文化为底蕴的中学课程思政实践路径，将教学改革、育人方式变革与资源建设有机结合，促使象牙塔内、自循环、封闭型教学转向开放共享型教学。

本书对推动思政课程改革创新、优化教育教学方式、强化课堂育人主渠道作用，进而逐步实现各类课程在立德树人过程中的"共舞中共振"效应，推动各类课程与思政课同向同行，最终形成全员、全过程、全方位的育人格局，对培养中国特色社会主义合格的建设者和接班人、增强青少年学生坚定中国特色社会主义"四个自信"、实现中华民族伟大复兴，都有着十分重要的理论意义和实践价值。

阁润生

2022 年 12 月

目 录

- **第一章　课程思政概述　/1**
  - 第一节　课程思政的建设背景　/1
  - 第二节　课程思政的内涵解读　/15
  - 第三节　课程思政的价值旨归　/22

- **第二章　课程思政的引擎　/30**
  - 第一节　立德树人的关键课程　/30
  - 第二节　从思政课程到课程思政　/40
  - 第三节　思政课程引领课程思政　/44

- **第三章　上好新时代的"大思政课"　/52**
  - 第一节　"大思政课"理念的历史演进及其特征　/52
  - 第二节　从思政课程到课程思政到"大思政课"　/57
  - 第三节　落实"大思政课"理念的现实着力点　/62

- **第四章　中学课程思政识察　/71**
  - 第一节　中学课程思政现状　/71
  - 第二节　学科思政：课程思政的深化　/75
  - 第三节　课程思政与思政课程同向同行　/81
  - 第四节　课程思政对教师的要求　/88

- **第五章　中学课程思政的实施与推进　/100**
  - 第一节　明确育人目标　/100
  - 第二节　课程思政元素的挖掘　/106

第三节 打造"三位一体"课程思政体系 / 117
第四节 开展课程思政跨学科学习 / 122

第六章 课程思政的评价尝试 / 128
第一节 课程思政评价的意义、特点与基本思路 / 128
第二节 课程思政评价的原则、方法与体系建设 / 130
第三节 课程思政评价的指标、实施与运用 / 136

第七章 课程思政建设的学校撷探 / 144
第一节 课程思政建设的基础优势 / 144
第二节 课程思政建设的学校探索 / 148
第三节 课程思政建设的显性成效 / 164

参考文献 / 175
后记 / 179

第一章 课程思政概述

第一节 课程思政的建设背景

一、课程思政缘起

1. 从思想政治工作到学科德育

自改革开放以来,党和国家更加重视青少年思想政治教育,开始恢复和重建政治理论课程,强调思想政治工作要多方协作。1978 年 4 月 22 日,邓小平在全国教育工作会议上的讲话中提出:"培养人才有没有质量标准呢?有的。这就是毛泽东同志说的,应该使受教育者在德育、智育、体育几方面都得到发展,成为有社会主义觉悟的有文化的劳动者。"① "我们要掌握和发展现代科学文化知识和各行各业的新技术新工艺,要创造比资本主义更高的劳动生产率,把我国建设成为现代化的社会主义强国,并且在上层建筑领域最终战胜资产阶级的影响,就必须培养具有高度科学文化水平的劳动者,必须造就宏大的又红又专的工人阶级知识分子队伍。这些要求本身就是无产阶级政治的要求。"② 1981 年 6 月,党的十一届六中全会通过的《关于建国以来党的若干历史问题的决议》指出:"要在全党大大加强对马克思主义理论的研究,对中外历史和现状的研究,对各门社会科学和自然科学的研究。要加强

---

① 邓小平. 邓小平文选:第二卷 [M]. 北京:人民出版社,1994:10.
② 邓小平. 邓小平文选:第二卷 [M]. 北京:人民出版社,1994:10.

和改善思想政治工作,用马克思主义世界观和共产主义道德教育人民和青年,坚持德智体全面发展、又红又专、知识分子与工人农民相结合、脑力劳动与体力劳动相结合的教育方针"。

1984年中央宣传部、教育部印发《关于加强和改进高等院校马列主义理论教育的若干规定》(中宣发文〔1984〕36号),强调"马列主义理论课和学校的日常思想政治工作是相辅相成、缺一不可的有机整体"。自此,马克思主义理论课和思想道德课组成的"两课"建设开始走向规范化。1987年中共中央出台的《关于改进和加强高等学校思想政治工作的决定》(中发〔1987〕18号)更是明确指出,"把思想政治教育与业务教学工作结合起来。要按照各个学科的特点,引导学生正确认识在校学习与今后工作之间的关系,解决好为谁服务的问题……哲学社会科学和文学艺术课程,应坚持以马克思主义为指导,努力联系我国改革和建设的实践,把思想政治教育贯穿到教学环节中去。自然科学课程的教学要注意讲述本专业在我国社会主义建设中的成就和当前要解决的重大课题……"。为了更好地将思想政治教育贯穿到教学环节中去,1994年8月出台的《中共中央关于进一步加强和改进学校德育工作的若干意见》(中发〔1994〕9号)正式提出"学校德育"和"学科德育"的概念,明确"按照不同学科特点,促进各类学科与课程同德育的有机结合……各门课程的建设应体现社会主义的办学方向和全面发展的办学指导思想,教学大纲和教学评估标准要有正确的思想导向""要把德育贯穿在教育的全过程,落实在教学、管理、后勤服务的各个环节上"。1995年国家教育委员会颁布《中国普通高等学校德育大纲(试行)》进一步指出,"要发挥各科教学中的德育功能,结合教学相关内容和各个环节,有机地对学生实施德育"。这是我国第一部全面系统规范高等学校德育工作的大纲,该大纲的颁布和实施对思想政治教育的建设提出了更高的要求。此后,中共中央更加重视对大中小学生的思想政治教育在学科和课程中的渗透。2000年12月14日,中共中央办公厅、国务院办公厅发出的《关于适应新形势进一步加强和改进中小学德育工作的意见》(中办发〔2000〕28号)再次重申,"德育要寓于各学科教学之中,贯穿于教育教学的各个环节"。2004年中共中央、国务院下发的《关于进一步加强和改进大学生思想政治教育的意见》(中发〔2004〕16号)对"学科德育"理念做了系统概述,指出"高等学校各门课程都具有育人功能,所有教师都负有育人职责……要把思想政治教育融入到学生专业学习的各个环节,渗透到教学、科研和社会服务各个方面。要深入发掘各类课程的思想政治教育资源,在传授专业知识过程中加强思想政治教育,使学生在学习科学文化知识过程中,自觉加强思想道德修养,提高政治觉悟"。

2. 从学科德育到课程思政

进入21世纪以来,我国社会发展加快,学生在许多方面都呈现出新的特点,它要求思想政治工作必须遵循党的思想路线"与时俱进",富有创新性地展开。因此,《国家中长期教育改革和发展规划纲要(2010—2020年)》确立了"育人为本"的教育方针和"德育为先"的战略主题,指出要把德育渗透到教学的各个环节,增强德育工作的针对性和实效性。"学科德育"的理念提出后,2008年通过的《中共中央宣传部、教育部关于进一步加强高等学校思想政治理论课教师队伍建设的意见》(教社科〔2008〕5号)指出:"切实提高教学水平……多用喜闻乐见的语言、生动鲜活的事例、新颖活泼的形式,活跃教学气氛,启发学生思考,把科学理论讲清楚、说明白。"2005年,上海市启动实施"两纲教育",即《上海市学生民族精神教育指导纲要(试行)》和《上海市中小学生生命教育指导纲要(试行)》,推进以"学科德育"为核心理念的课程改革,编制学科德育实施意见,整体构建大中小学德育体系,"把德育的核心内容有机分解到每一门课程,将社会主义核心价值观作为核心内容整体、科学、有序地融合进各学科,挖掘每一门课程的育人功能、增强每一位教师的育人责任"。2014年12月29日,在第二十三次全国高等学校党的建设工作会议上,习近平总书记强调指出:"办好中国特色社会主义大学,要坚持立德树人,把培育和践行社会主义核心价值观融入教书育人全过程;强化思想引领,牢牢把握高校意识形态工作领导权。"

通过多年的实践,"学科德育"的工作取得了比较好的效果,在立德树人方面发挥了重要作用。但在实践过程中,学校越来越感觉到"进一步挖掘各门课程育人功能、调动授课教师积极性"的重要性。为此,2016年上海率先提出课程思政的育人理念,围绕"知识传授"与"价值引导"相结合的课程目标,构建"显性教育"与"隐性教育"相结合的课程内容体系,挖掘专业课思想政治教育资源与价值。上海在总结经验的基础上,一方面,积极制定综合素养课程建设价值标准,围绕体制机制、课程设置、教师选聘及教学方式等方面,强化政治方向和思想引领,突出综合素养课程的育人价值;另一方面,努力制定专业课育人教学规范和评价标准,编制课程教学指南,推广试点经验,努力彰显综合素养课和专业课的育人价值。2016年12月7—8日,全国高校思想政治工作会议在京召开,习近平总书记明确指出,其他各门课都要守好一段渠、种好责任田，使各类课程与思想政治理论课同向同行，形成协同效应。2017年6月22日，教育部召开2017年高校思想政治理论课教学质量年上海调研片会暨高校课程思政现场推进会。2017年8月，中共中央办公厅、国务院办公厅印发的《关于深化教育体制机制改革的意见》，指出"要健全立德树人系统化落实机制……健全全员育人、全过程育人、全方位育人的体制机制，充分发掘各门课程中的德育内涵，加强德育课程、思政课程"。2017年10月，党的十九大报告指出："要全面贯彻党的教育方针，落实立德树人根本任务，发展素质教育，推进教育公平，培养德智体美全面发展的社会主义建设者和接班人。"2017年12月，中共教育部党组印发《高校思想政治工作质量提升工程实施纲要》（教党〔2017〕62号）（简称《实施纲要》），明确指出要构建课程育人质量提升体系。大力推动以课程思政为目标的课堂教学改革，优化课程设置，修订专业教材，完善教学设计，加强教学管理，梳理各门专业课所蕴含的思想政治教育元素和所承载的思想政治教育功能，融入课堂教学各环节，实现思想政治教育与知识体系教育的有机统一。可以说，该《实施纲要》为高校推进课程思政指明了着力点和突破口。2018年3月，时任教育部部长陈宝生指出："要啃下一批'硬骨头'，包括教师思政、课程思政、网络思政等，解决思政课和思想政治工作发展中的一些难点问题。"① 其中，就把课程思政作为"硬骨头"来啃，可见课程思政是亟待进一步破解的大课题。

自"课程思政"被正式提出后，为了全面贯彻党的教育方针，落实立德树人根本任务，发展素质教育，推进教育公平建设，培养德智体美劳全面发展的社会主义建设者和接班人，很多教育工作者都对课程思政的意义、执行方法和构建策略等提出了自己的看法，梳理了课程思政的相关内涵、育人功能和构建策略等，在基础理论研究和试点工作实践的基本框架等方面做了探索。

目前，课程思政的教育观念日益得到认同，特别是在高校中逐渐掀起了一股关于研究课程思政的热潮。从公开文献的数量上看，自2016年以来，以习近平总书记在全国高校思想政治工作会议上的重要讲话为契机，如何在课堂教学中融入思想政治教育，如何使课程思政作用于高校思想政治工作，成

---

① 教育导报网. 看两会：教育部长陈宝生14句话，回答你关心的教育热点［EB/OL］.（2018-03-18）. http://www.scedumedia.com/news/item/4292.

为新的研究热点。随着 2017 年《高校思想政治工作质量提升工程实施纲要》发布，课程思政相关研究的热度进一步上升。早期文献对于课程思政的研究以分析归纳上海、北京等地高校开展课程思政及类似思想政治教育方法的经验教训、提供可尝试方法为主要内容；2017 年以来，学界在充分吸取已有经验的基础上，讨论的要点是课程思政的实施目的、实施路径和宏观方法；2018 年开始，随着全国各地、各高校更多的一线思想政治教育工作者加入研究队伍，相关文献主要以提出在某个具体课程或学科中融入课程思政的教学方法为主；2018 年下半年，由于各高校纷纷建设了课程思政教育教研队伍、开设了一批践行课程思政理念的示范课程，涌现了一批讨论课程思政具体实践中的得失与改进方法的文章。这些研究成果对推动课程思政的进一步完善和成熟起到了较好的作用，但从总体上看，相关研究仍处于探索阶段。

纵观我国历史发展，党和国家一贯重视学生的思想政治工作。从中华人民共和国成立到改革开放，再到进入 21 世纪，相关部门多次发布文件对学生的思想政治教育工作做出重要指示。随着拜金主义、实用主义、工具主义等西方社会思潮涌入我国，我国的社会环境在方方面面发生了极大变化，对我国学生的思想观念、思维方式、价值观念等均产生了恶劣影响。与此同时中共中央、国务院和教育部门印发了若干文件，这些文件都强调了对学生进行思想政治教育的重要性。从 2004 年的《关于进一步加强和改进大学生思想政治教育的意见》，到 2015 年中共中央办公厅、国务院办公厅印发《关于进一步加强和改进新形势下高校宣传思想工作的意见》，再到 2017 年中共中央、国务院印发《关于加强和改进新形势下高校思想政治工作的意见》等，这些文件都体现了党和国家对学生思想政治工作的重视。此外，党中央已召开一系列座谈会，习近平总书记发表了一系列讲话，无不强调加强学生思想政治教育。可以说，在高校发展的历程中，党和国家对学生思想政治教育的关注度有增无减。

自 2004 年以来，上海开启了由中小学到大学相关德育课程的相关改革探索。自 2014 年起，上海逐步探索从思想政治理论课程到"课程思政"的转变，并推出了"中国系列"课程。上海思想政治理论界对"中国系列"进行总结，并于 2016 年 11 月 19 日召开的"从思政课程到课程思政 高校思想政治理论教育课程体系创新"研讨会上提出"课程思政"新型教学理念。2016 年 12 月 7 日至 8 日，全国高校思想政治工作会议在北京举行。习近平总书记出席会议并发表重要讲话。他强调："要用好课堂教学这个主渠道，思想政治理论课要坚持在改进中加强……其他各门课都要守好一段渠、种好责任田，使各类课程与思想政治理论课同向同行，形成协同效应。"这在一定程度上表明了党中央对"课程思政"教学理念的认可，对于全国各大高校在以后加强对学生思想政治教育、开展思想政治教育工作提出了新要求，具有极其重要的指导意义。2017年12月，中共教育部党组印发《高校思想政治工作质量提升工程实施纲要》（简称《实施纲要》），明确提出"课程思政"教学理念，随后全国各大高校纷纷推进"课程思政"的建设。《实施纲要》中讲到"十大育人体系"。"十大育人体系"的第一个体系就是课程育人质量提升体系，对"课程思政"这个概念进行了专业化的描述，即梳理各门专业课程所蕴含的思想政治教育元素和所承载的思想政治教育功能，融入课堂教学各环节，实现思想政治教育与知识体系教育的有机统一。

综上，只有对"课程思政"的缘起有正确的认识，才能进一步对其进行研究。

二、课程思政理论基础

新理念的提出必然源于实践，又深层传承于以往的价值思想。课程思政是一项综合性课题，开展的有效性是体现学识传授、人格塑造和价值引领的教育诉求，关涉协同育人的若干基本理论问题。

（一）中国古代教育思想中的"传道"思想

中华优秀传统文化中的教育思想以深邃的内涵和人文价值，为新时代素质教育提供了价值源泉。"礼、乐、射、御、书、数"被纳入孔子的教学内容，涵盖文化素养教育、道德教化及能力提高，其中德育被置于基础地位。孟子主张性本善论，在他看来，"仁义礼智"四种品格是"我固有之也"，只是人们在日常生活中不为自觉，因此倡导通过学习、教育，让自己应有的良好素质和有为资质从本性中彰显出来。韩愈用凝练而深蕴的话语将教师职业通过"传道、授业、解惑"概括出来，放在第一位的"传道"与孔子的"礼"教有异曲同工之处，哲理、道义意为"道"，因此，"传道"蕴含对学生人格的完善、价值观的培养和思想道德的启发。

（二）马克思主义教育思想

课程思政概念的提出，既有内在的马克思主义立场和理论根基，同时也是学校课程体系发展以及完善教学内容和教学目标的必然要求。马克思和恩格斯从唯物史观、人性观的维度对教育本质、人的全面发展等问题进行了系统阐释,形成了马克思主义教育哲学思想。在马克思主义教育哲学体系中,教育本质观、人的全面发展、教育同生产劳动相结合占据核心地位,是我国教育理论和实践坚定地沿着社会主义方向和道路前进的理论指导。

1. **教育本质观**

马克思主义创始人从唯物主义历史观出发,提出了教育本质观,把教育看作是人类自身的再生产、科学文化的再生产活动。"借助于科学文化再生产,实现人类自身素质的再生产,这是教育本质的一般规定。"① 教育作为科学文化的再生产活动,它的发展受社会基本矛盾的制约。马克思在《共产党宣言》中论述了教育的社会制约性,批判了资产阶级对社会公共教育代替家庭教育的歪曲。马克思认为不存在脱离社会的教育,教育受政治、经济的影响,各种教育活动都要符合社会的发展规律,并随着时代的演变而变化。列宁作为马克思主义的继承者和发展者,进一步强调了教育的阶级性,无论一般的政治教育或专门的艺术教育,都必须贯彻无产阶级斗争的精神。② 列宁认为,课程的思想政治方向是学校教育中特别重要的问题,这个方向是由教学人员决定的,教学人员应该在课程教学中将教育与共产主义所必需的政治联系起来。马克思主义经典作家关于教育服务于社会发展、服务于政治的阐释,回答了教育"为谁培养人"这一根本问题。我国是中国共产党领导的社会主义国家,在新时代背景下,教育要为巩固和发展中国特色社会主义制度服务,为人民服务,为中国共产党治国理政服务。课程思政教育理念的提出再次强调了教育的阶级性、课程的价值性。课程思政的建设目标就是立足于解决"培养什么人、怎样培养人和为谁培养人"这一问题,坚持在课程教学中的思想价值引领,将价值塑造贯穿于教育教学全过程,在潜移默化中坚定学生的理想信念,厚植爱国主义情怀,培养拥护中国共产党领导和社会主义制度的有用人才。

2. **人的全面发展**

人的全面发展是马克思主义教育思想的精髓,马克思从批判旧式分工带给人片面发展的角度提出,每个人都无可争辩地有权全面发展自己的才能。全面发展才能就是让自己的体力、智力等各种能力都得到充分发展,能适应环境变化和不同的劳动需求。马克思在阐释人的全面发展时,非常重视人的

---

① 黄济,王策三. 现代教育论[M]. 北京:人民教育出版社,1996:67.
② 上海师范大学教育系. 列宁论教育[M]. 北京:人民教育出版社,1979.

精神和道德意识的发展。在《资本论》中，马克思揭露了资本主义制度所造成的人的精神空虚和道德堕落，认为只有消除脑力劳动和体力劳动的差别，摆脱旧式分工给人造成的局限性和片面性，才能实现人的全面发展。马克思认为，人的全面性并不是想象的、设想的，而是所处现实环境中各种关系的全面性。① 全面发展自己的社会关系是每个人的需要，也是个人全面发展的必然要求。

一个人只有把个人的需要同他人的需要、国家的需要，以及社会发展的需要联系起来，才能有永不衰竭的动力，才能达到个人的全面发展。马克思把这些能带给人全面发展的前提条件，看成是社会主义、共产主义的一个重要特征，社会主义就是以每个人自由而全面的发展为基本原则的社会形式。因此，社会主义社会应该使政治、经济和教育等各种关系都适应并促进人的全面发展的实现。培养全面发展的人是社会主义国家的教育目的，学校构建各类课程与思想政治理论课同向同行的协同育人模式，其目的就是要促进人的全面发展。学生在校学习期间，不仅有获取知识、提升能力的渴望，更有情感、态度和价值观方面的期待。课程思政应将所有课程建设成价值观教育的载体，在专业教学中将价值塑造、知识传授与能力培养融为一体，把理想信念的教育与科学精神的培养结合起来，帮助学生树立崇高的理想，在传播知识中塑造灵魂，在培养能力中健全人格，在德智体美劳的教育中促进学生自由而全面的发展。

3. 教育同生产劳动相结合

马克思认为，教育"不仅是提高社会生产的一种方法，而且是造就全面发展的人的唯一方法"②。马克思特别强调教育与生产劳动相结合，认为学校实行生产劳动同智育、体育、技术教育相结合，将会出现一大批科技成果，将使青年学生很快熟悉整个生产系统。教育同生产劳动相结合可以提高人的劳动能力，消除分工给人带来片面发展的局限，能够根据社会和人的发展需要，将科学知识、思维方法、价值观念、劳动技能及审美情趣等传递给学生，为人的全面发展提供必要条件；也可以对人的才能、志趣等起到一定的改善和促进作用，对人的思想观念和道德品质产生潜移默化的影响。列宁发展了

---

① 马克思，恩格斯. 马克思恩格斯全集：第 8 卷 [M]. 中共中央马克思恩格斯列宁斯大林著作编译局，译. 北京：人民出版社，2009：172.

② 马克思，恩格斯. 马克思恩格斯选集：第 2 卷 [M]. 中共中央马克思恩格斯列宁斯大林著作编译局，译. 北京：人民出版社，2012：230.

人的全面发展理论，提出了"培养全面发展的人"的要求，青年一代要成为共产主义者，不但要系统地、理论联系实际地掌握人类所积累的全部知识，而且要具有共产主义道德品质。青少年要把自己的训练、学习和教育同工农的劳动结合起来，不要只限于阅读共产主义书籍和小册子。教育与生产劳动相结合是马克思主义教育理论的重要组成部分，对学校课程思政建设具有重要的实践指导意义。首先，课程中思政内容的开发要紧密结合国家和社会发展的实际，不能脱离现实，不能空谈理想信念和家国情怀；要从中国特色社会主义的伟大实践，从治党、治国、治军的巨大成就，从学科知识相关的生活实践、教学实践及科技实践等方面进行思政教育元素的挖掘，激发学生爱党、爱国、爱社会主义的深厚情感。其次，实践教学活动是课程思政的有效载体，第二课堂、社会实践、志愿服务及创新创业等实践类课程是对学生进行思想政治教育的有效形式和途径。学校应利用这些载体帮助学生了解国家发展战略和行业发展态势，教育引导学生学以致用、学以立德，自觉践行各行业的职业精神和职业规范，在实践活动中增强职业责任感和使命感。

4. 协同理论

协同理论是课程思政的学理基础。课程思政以马克思主义理论为核心，以落实立德树人为宗旨，持续强化体系建设的系统性、集成性和协同性，切实遵循"以人为本"这一马克思主义的基本观点。协同理论为课程思政做好协同建设提供了理论依据，包括西方协同理论、中国古代关于协同的思想、马克思主义普遍联系观。

"以人为本"是马克思主义的基本价值取向。思政工作的主体是学生，那么强调学生个体发展的全面性和自主性就是教育工作的具体实践。长期以来，我国对青少年学生的思想政治教育是以马克思主义对人类社会发展规律的认知为指导的，并结合客观国情和教育规律，努力倡导和践行全面发展观念。依赖于马克思主义的科学性，我国教育从业者才能坚定地面对形形色色的思潮和观点的冲击，并努力吸收马克思主义理论本土化的成果，形成了先进的哲学观。在中国共产党实现民族复兴的百年征程中，思政工作发挥了极其重要的作用，一直被看作是一切工作的"生命线"，并积累了大量的成功经验和先进做法，而这些都为今后思政课程的建设带来了丰富的资源。习近平总书记强调，教育要"培养德智体美劳全面发展的社会主义建设者和接班人"，这实际上对青少年学生的理想信念、价值取向、知识学习、意志品质、思维能力、创新精神、社会实践、使命担当等方面进行了深刻论述和系统阐释。应当将此理解为对教育促进人的全面发展的再次强调,也可以将其理解为课程思政教育创新方向的重要指导。因此,今后的学校课程思政协同应当尽可能统筹各课程规律、方法和理念,有效嵌入课程思政要素,从而最大限度彰显课程思政作为一种教学体系所蕴含的马克思主义内涵。

(三) 习近平总书记关于教育的重要论述

人的全面发展是马克思主义的价值追求和崇高理想,追求人的全面发展是中国共产党一以贯之的理想目标。党的十八大以来,党中央对培养社会主义建设者和接班人的问题非常重视,系统回答了新时代教育事业发展的战略性、全局性和根本性问题,形成了习近平总书记关于教育的重要论述。

习近平总书记关于教育的重要论述是中国特色社会主义理论发展的最新成果,开辟了马克思主义教育理论和实践发展的新境界,为课程思政建设提供了理论遵循和行动指南。

1. 习近平总书记关于教育的重要论述明确课程思政的核心要义

党的十八大以来,习近平总书记非常重视立德树人在人才培养中的地位,多次强调要把立德树人作为学校教育的根本任务。关于学校如何落实立德树人根本任务,习近平总书记强调,各门课都要守好一段渠、种好责任田,使各类课程与思想政治理论课同向同行,形成协同效应。作为落实立德树人根本任务的切入点,课程思政教育理念被正式提出。从课程思政的缘起来看,破解学校思想政治教育的"孤岛"困境、借助课程合力落实立德树人根本任务是学校课程思政建设的主要目的。党的十九大以后,习近平总书记对立德树人工作做了更加深入的阐释:"人才培养体系涉及学科体系、教学体系、教材体系、管理体系等,而贯通其中的是思想政治工作体系。"① 这一阐释进一步深化了对课程思政的理论认识,思想政治教育要融入课堂教学活动,融入教学文件编写和学生管理过程,立德树人要内化到人才培养全过程、各要素之中。

2. 习近平总书记关于教育的重要论述为准确理解课程思政提供了理论遵循

课程思政是新时代对课程内蕴的价值理性赋予新含义的再生概念。从本质上看,课程思政还是基于课程进行设计和开发,指向的还是课程,是把立德树人内化到课程教学中,在课程中探索和挖掘与知识内容和教学方式联系

---

① 习近平. 在北京大学师生座谈会上的讲话 [N]. 人民日报, 2018 - 05 - 03 (2).

紧密、对学生养成正确价值观至关重要的元素，将这些元素潜移默化地融入课堂教学与实践活动中。因此，学校课程思政建设要聚焦课程建设"主战场"，充分发挥各类课程的育人功能；要利用好课堂教学"主渠道"，解决专业课和思政课合力育人的问题；要牢牢抓住教师队伍"主力军"，促进教育者先受教育，不断提升人才培养能力和育人质量。

3. 习近平总书记关于教育的重要论述明确了课程思政的建设方向

把立德树人作为教育的根本任务，体现了党对"如何培养人"这一教育本质的新认识，学校需要重新审视思想政治工作的方法和路径。学校、职能部门、教师等应承担育人的责任，要构建课程思政关键主体协同推进的课程思政建设体系，不断提升学校立德树人的成效。

（1）学校要持续推进课程思政创新实践。

首先，健全课程思政建设机制。习近平总书记强调："要把立德树人内化到大学建设和管理各领域、各方面、各环节，做到以树人为核心，以立德为根本。"① 学校必须将思想政治工作贯通人才培养的所有环节，把课程思政建设作为落实立德树人的重要抓手，做好顶层设计，加强统筹规划，制定课程思政建设的"任务书"和"路线图"；完善课程思政的工作体系、教学体系和内容体系，从制度层面为落实立德树人根本任务提供保障。

其次，将课程思政融入人才培养的全过程。学校人才培养是育人和育才相统一的过程，要紧紧围绕国家发展需要、学校人才培养定位和专业培养目标，从教案、课件编写及课堂教学设计等方面融入课程思政的教育理念；要把课堂教学作为育人的主渠道，深入挖掘课程体系、教学内容和教学方法中蕴含的思政教育资源，提高将课程思政内涵融入课堂教学的水平。此外，将学校小课堂和社会大课堂结合起来，引导学生走出校园、走进社会，积极投身校外实习实践、志愿服务和调研参观等活动，在火热的社会实践中施展才华，增长见识，塑造品格。将思想政治工作体系贯通学科体系、教学体系、教材体系和管理体系，进而形成高水平人才培养体系。

（2）教师要提升课程思政建设能力。

教师是教育发展的第一资源，习近平总书记非常重视教师队伍的建设，多次强调教师在课堂教学中应该传播先进思想文化和优秀传统文化，要用社

---

① 习近平. 在北京大学师生座谈会上的讲话［N］. 人民日报，2018-05-03（2）.

会主义核心价值观教育学生，引导学生扣好人生的"第一粒扣子"①。教师是课程思政建设的主力军，开展课程思政建设要紧紧抓住"教育者先受教育"这个难点，让所有教师都做好育人工作，担负好育人责任。

首先，教师要提高政治素养。教师是课程思政建设的关键所在，教师的政治理论素养和教学能力决定着课程思政建设的质量和效果。因此，教师要坚持"教育者先受教育"，努力提升思想政治理论素养，要坚定信仰，对所讲内容高度认同，做马克思主义的忠诚信奉者和坚定实践者，以此才能有效引导学生真学、真懂、真信、真用。②

其次，教师要加强师德修养。师德师风是评价教师素质的第一标准。教师良好的师德修养会体现到对所从事职业的忠诚和热爱上，进而潜移默化地影响学生。教育不仅发生在课堂上，也发生在师生交流互动的每一个环节。学校在紧紧抓住课教学主渠道的同时，也要善于利用师德师风等隐性育人方式感染、熏陶和影响学生，以达到润物无声的育人效果。

最后，教师要具备教育智慧。课程思政教学设计没有统一要求，教师有自主性和独特性。教师要根据学科知识特点和教书育人规律进行设计，将"做人做事的基本道理、社会主义核心价值观的要求、实现民族复兴的理想与责任"③ 等育人元素巧妙地融入课堂教学和实践活动中，做到"课程有设计，思政无痕迹"。

（四）课程设计理论

课程设计理论是课程思政教学设计的方法依据。课程思政本质上指向的是课程，因此，回归到教育学视角探讨课程思政教学设计，对深入开展课程思政建设具有方法论的指导意义。教育学视角下的课程设计可以理解为两方面的问题：一是课程价值问题，即什么知识是最有价值的，学校应教给学生什么；二是课程技术方法问题，即如何教、怎么教的问题。

课程价值是课程设计的理论基础，不同价值取向的教育观、课程观会形成不同的课程设计。如学科取向的课程观，强调按照学科知识的内在逻辑进

---

① 习近平. 青年要自觉践行社会主义核心价值观——在北京大学师生座谈会上的讲话［N］. 人民日报，2014－05－05（2）.

② 用新时代中国特色社会主义思想铸魂育人 贯彻党的教育方针落实立德树人根本任务［N］. 人民日报，2019－03－19（2）.

③ 韩宪洲. 课程思政方法论探析——以北京联合大学为例［J］. 北京联合大学学报（人文社会科学版），2020，18（2）：2.

行课程设计,按照一定的分类形式进行课程编制,强调掌握系统的知识体系和心智训练;社会取向的课程观,主张课程设计要根据社会现状去寻找课程目标,社会现实发展需要是课程改革的依据,主张将社会现实问题作为课程设计的核心;学生取向的课程观则强调以学生的兴趣、需要和能力作为课程设计的核心,使课程适应学习者而非学习者适应课程。学科、社会和学生是课程设计的来源及其制约因素,三种取向的课程设计反映了课程的不同属性,即文化属性、社会属性和人本属性,这些属性之间是相互联系、相互作用和辩证统一的关系。① 课程设计应立足于学科结构和学科知识,以学科知识作为课程内容选择的主要来源,在课程内容的组织中,赋予知识一定的价值取向和使命任务,从而使知识具有教育性的特点。学生和社会赋予知识一定的目的价值属性,对知识掌握的程度和范围受到学生的身心发展和价值取向、社会意识形态、经济发展等因素的制约。知识的传承不仅要指向社会的稳定与进步,还要促进学生的全面发展。因此,基于学科、社会和学生进行的课程设计,才能产生均衡的课程。

课程不是万古不变的,它是随着时代和社会的发展而不断进行变革和改造的,任何一种课程都是时代所追求的"国民素养"最集中、最具体的反映。在新时代背景下,学校课程也在寻求自身的变革,以期更好地适应学科、社会、学生的发展变化和内在需要。课程思政就是新时代背景下的教学改革,课程思政设计要将学科、社会和学生等要素统一起来进行考虑,要根据不同学科特点,将社会需要和学生的发展特点统合起来进行课程思政教学设计;要深入研究不同专业的育人目标,把满足并促进学生身心全面发展的要求作为课程内容选择和教学方法选用的根本依据;要深度挖掘和提炼专业知识体系中所蕴含的思想价值和精神内涵,研制出具有高度平衡性与关联性的课程思政知识体系。

(五)有效教学理论

课程思政的推进具有彰显课程文化的本体性价值,也有推进学生全面发展的目的性价值。课程思政之所以受到学界的普遍关注,主要原因还在于其对教学本身有效性的构建和价值。肇始于 20 世纪初的有效教学教育理论,是现代教学论的一种表现形态,它是目前最重要的教育理论之一。实现有效教学是现代教育发展的根本诉求,诚如夸美纽斯(Comenius)所言,"求学的欲

---

① 钟启泉. 课程设计基础[M]. 济南:山东教育出版社,1998:4-6.

望应当彻底在学生身上激发起来"①，这既表明了有效教学的重要性，亦隐含了其内在的难度。事实上，影响有效教学的因素是多方面的，不仅需要教师在教学中做到"热情""有组织""有条理"，而且教学内容和教学目标也需要不断走向科学化。② 在某种程度上，教学内容的丰富与否及教学目标是否彰显正确的价值观，构成了教学有效性程度的重要变量。作为将思想政治教育内容同专业课教学内容紧密融合的教学实践活动，课程思政所倡导的就是知识传授与价值引领相结合的教学目标。课程思政的推进不仅在于充实专业课教学内容，使专业课教学变得更加丰满和厚重，更重要的是，通过将思想政治教育内容同专业课内容的紧密衔接来推进前者实现同后者教学规律的内在契合，实现专业课教学的开展同学生价值观的引导的内在统一。可以说，对有效教学的追求为课程思政的发展提供了内在的逻辑证明。

（六）课程文化发展理论

课程思政建设的根本目标在于提高思想政治教育水平，基础与前提必须是落实在各门课程的本体上。积极推进课程思政建设，是新时代我国学校课程文化实现科学发展的内在要求。按照斯宾塞的观点，课程即"教学内容的系统组织"③，课程文化是课程在实践展开和功能实现过程中的文化集合，包括课程发展中的相关制度、规范和内在精神等多重因素。对于课程发展而言，物质投入是基本前提，而文化和精神等理念性的因素则事实上构成了决定课程发展质量的内在灵魂。换言之，课程建设离不开课程文化的发展和丰富。早在1983年，英国著名课程论专家丹尼斯·劳顿（Denis Lawton）就提出了课程发展的文化分析概念，力主在课程规划中对文化做出恰当选择，以确保课程发展建立在良性的文化选择基础之上。法国社会学家皮埃尔·布迪厄（Pierre Bourdieu）甚至直接将课程本身视为一种"文化资本"，认为其在推进政治资本与经济资本等的发展中起着不可忽视的作用。④ 整体而言，西方体制强调个体价值取向，其课程文化发展中的个体价值处于核心位置。我国对集体价值的崇尚，要求学校课程文化的发展要着力体现群体价值的重要性，这也是我国课程文化发展的根本取向。课程文化建设在课程发展中的重要性以及我国的国情，决定了学校在课程建设和教学实践中，必须把彰显社会主义

---

① 夸美纽斯. 大教学论 [M]. 傅任敢，译. 北京：人民教育出版社，1984：123.
② 高慎英，刘良华. 有效教学论 [M]. 广州：广东教育出版社，2004：3.
③ 江红来. 课程文化定义的探讨 [J]. 辽宁教育研究，2006（9）：66-68.
④ 黄忠敬. 论布迪厄的课程文化观 [J]. 外国教育研究，2002，29（3）：17-19.

核心价值观摆在突出位置上，这既是我国学校课程文化发展的内在要求，也是学校教师的职责和使命。课程思政为课程文化发展提供了基本路径，建设中国特色的课程文化体系需要课程思政的有效推进。课程思政与我国学校的课程文化建设殊途同归，课程文化发展由此也构成了课程思政的本体性依托。

课程思政开展的根本目标就是提升学生的思想政治水平，其基础和前提就是必须落实好各门课程的专业化建设。对于学校课程的发展而言，文化和精神理念将成为决定课程质量的内在灵魂。这也说明思政课程的建设将离不开课程文化的建设和发展。美国著名课程理论专家丹尼斯·劳顿（Denis Lawton）就课程发展的文化概念进行分析，认为课程规划应该对文化做出恰当选择，并将课程思政建立在文化选择基础上。我国学校课程文化的发展将集中体现在群体价值之上，这也是文化课程发展的最终取向。文化课程在发展中也将与我国国情结合，并决定了我国课程思政建设和教师实践必须将社会主义核心价值观摆在突出的位置，充分发挥文化发展的内在需求。课程思政的建设将为文化课程的发展提供路径，并且文化课程建设也需要课程思政作为推进条件。

第二节 课程思政的内涵解读

课程思政是目前高校积极落实习近平总书记指示精神的实践探索，也成为中小学思想政治教育改革的一个重要方向。加强对课程思政内涵的理解，探寻课程思政有效实施的机制构建，对推进课程思政在具体教学改革中的实施工作具有重大意义。

一、课程思政的含义

课程思政是指除思想政治理论课之外的其他所有课程，在开展知识传授的同时，深入挖掘和科学运用本课程中的思政元素，将思想政治教育的理论知识、价值理念、精神内核潜移默化地融入教学过程，实现知识传授、能力培养和价值观引导的有机统一，帮助学生塑造正确的世界观、人生观、价值观。

课程思政不是一门或一类特定的课程，而是一种教育教学理念，是以构建全员、全程、全课程育人格局的形式将各类课程与思想政治理论课同向同行,形成协同效应,把"立德树人"作为教育的根本任务的一种综合教育理念。所有课程的知识体系都体现思政德育元素,所有教学活动都肩负起立德树人的功能,全体教师都承担起立德树人的职责。从以往单纯的思政课教育转变为覆盖各专业、各学科、各课程体系的大思政和大德育,将"课程育人"提升为"全课程育人"。课程思政不是思政课程,也不是简单的"课程+思政",而是以培养中国特色社会主义建设者和接班人为旨归的多维度教育变革,是育人观、使命观、教学观、课程观的教育变革。

课程思政要求所有课程将思想政治教育元素,包括思想政治教育的理论知识、价值理念及精神追求等融入各门课程,潜移默化地对学生的思想意识、行为举止产生影响。"课程思政"意味着将学校思想政治教育的"主渠道"从思政课延伸扩展为全部课程。"课程思政"是落实"把思想政治工作贯穿教育教学全过程"的关键因素,是把思想政治工作体系贯通于学科体系、教学体系、教材体系、管理体系全过程。课程思政还是学校利用所有专业课程开展思政教育的一个体系。其一,课程思政不是一门具体的课程,而是一个体系,是一个包含思政教育目标、内容、手段及方法的体系。其二,课程思政所指的"课程",是指所有的基础课程、专业课程,甚至可以拓展到没有具体课程形态的隐性课程。因此,思政课程不是"课程思政"研究的对象。其三,课程思政研究的范畴是思想政治教育,是实践"三全育人"的重要抓手。其四,课程思政不仅是一个重要的理念,而且是既作为新的思政理念,又作为重要的课程理念,赋予课程教学改革深远的价值。

课程思政也是一种思维方式,教师在教学过程中要有意、有机、有效地对学生进行思想政治教育;体现在教学的顶层设计上要把人的思想政治培养作为课程教学的目标放在首位,并与专业发展教育相结合。课程思政不是要改变专业课程的本来属性,更不是要把专业课改造成思政课模式或者将所有课程都当作思政课程,而是充分发挥课程的德育功能,运用德育的学科思维,提炼专业课程中蕴含的文化基因和价值范式,将其转化为社会主义核心价值观具体化、生动化的有效教学载体,在"润物细无声"的知识学习中融入理想信念层面的精神指引。

课程思政是用思想和价值观的展示、塑造,引领课程教学改革,使教育教学改革从标量变成有方向的矢量。课程思政是方法,不是加法。它有如盐在沙的混合、如盐在水的融合,和产生新物质的化合三个层次。通常说的

"两张皮"问题，在混合层次因泾渭分明会比较严重，到融合层次润物无声得以化解，到化合层次因生成与原来不同的全新内容而完全解决。

为更好理解和把握课程思政的内涵，需要注意辨析以下三组概念。

1. **课程思政与思政课程**

"课程思政"不是指具体的课程或课程体系，而是指通过所有课程开展思政教育的一个内容与方法体系。"思政课程"是指为学生开设的"思想政治教育课"的简称，包括高中的思想政治课和义务教育道德与法治课。如果把思政课程理解为"通过思政课程开展思政教育的一个体系"，则课程思政与思政课程同向同行，正好构成学校思想政治教育的一个完整体系。课程思政与思政课程具有一定的共性，核心内涵都是育人；但两者间又存在明显的区别。第一，性质不同。思政课程是一种名词性表述，而课程思政虽然属于思想政治教育理念，却具有动词性的意义，意为在非思想政治教育课程中潜移默化地融入思想政治教育的相关内容，与思想政治教育课程同向同行，实现全程、全方位育人的目标。第二，两者的侧重点不同。思政课程侧重于"思政"二字，强调以思想政治教育理论课为重心来展开思想政治教育活动；而课程思政则以"课程"为重心，且这里的课程指的并非传统意义的课程，而是将思想政治教育理论渗透到其他课程之中的教学模式。第三，课程思政是对课程内容和育人功能的升级重构。课程思政是以非思政课程为载体，融入思想政治教育的理念，履行思想政治教育功能，是对课程内容、内涵和体系的全面升级。思政课程是基础，课程思政是对思政课程的强化，二者相辅相成，犹如车之双轮，鸟之双翼，共同发力，培养学生树立正确的世界观、人生观、价值观。

2. **课程与思政**

"课程"是指学校学生所应学习的学科总和及其进程与安排，有广义与狭义之分。广义的课程既包括学校教师所教授的各门学科，还包括学校为实现培养目标而选择的其他有目的、有计划的教育活动，一般称之为隐性课程；狭义的课程是指某一门学科。"思政"是思想政治教育的简称。在"课程思政"与"思政课程"两种语境中，二者的含义是不同的。课程思政中的"课程"，是修饰"思政"的，具有"通过课程"或"利用课程"之意，同时还有一层含义，是指所有的"非思政课程"，即习近平总书记所讲的"其他各门课"；思政课程中的"课程"是指狭义的学科课程。在"课程思政"中的

"思政"是思想政治教育,而思政课程中的"思政"是思想政治理论的简称。

3. 思想政治教育与思想政治理论教育

思想政治教育是指对学生的思想意识、政治观点、道德品质、行为规范、职业素养等进行的教育活动;思想政治理论教育是指由党和国家全面规划部署,系统地对学生思想政治理论进行的教育。思想政治教育包含思想政治理论教育。

二、课程思政的本质

课程思政实质是一种课程观,不是增开一门课,也不是增设一项活动。课程思政是以习近平新时代中国特色社会主义思想和社会主义核心价值观为指导,全过程地贯彻"立德树人,培养社会主义建设者和接班人"的理念。将思想政治教育的内容与专业课程中专业知识和专业技能教育的内容融为一体,以端正专业课程的育人方向和提升专业课程的育人功能。

当下,受工具主义思潮的影响,学科分化日益精细,专业边界越发明显,不同学科教育者之间相互排斥、不相往来,出现知识传授与价值引领的对立现象,缺乏学科之间相互融通的系统性教育思维,使得教育分化,部分学科偏离育人本原,走向工具主义。然而,世界本就没有边界,学科之间本身也是相互交错、相互联系的一个大系统,所有课程教育的本原和最终目的都是立德树人。立德树人是我国的优良传统,早在春秋战国时期就有了立德树人的思想。"育人"先"育德",注重传道授业解惑、育人育才的有机统一,一直是我国教育的优良传统。自中华人民共和国成立以来,我们党高度重视学校德育和思想政治教育,探索形成了一系列教育方针、原则,为培养什么样的人、如何培养人及为谁培养人提供了基本的工作遵循。党的十八大把"立德树人"明确为教育的根本任务,指出思想政治教育是做人的工作,解决的是"培养什么样的人""如何培养人"的问题,是我们党和国家的优良传统和各项工作的生命线。

课程思政教育理念的提出,是新时代落实立德树人根本任务的具体举措,其本质就是让教育回归立德树人的育人本原,强调利用各门各类学科的课程载体,实现"全员全课程育人"。

课程思政是要将思想政治教育融入其他课程教育,不管是作为具体的思想政治教育还是其他学科教育而言,都是为了落实立德树人这一根本任务。

课程思政始终坚持以德立身、以德立学、以德施教,注重加强对学生的世界观、人生观和价值观的教育,传承和创新中华优秀传统文化,积极引导当代学生树立正确的国家观、民族观、历史观、文化观,从而为社会培养更多德智体美劳全面发展的人才,为中国特色社会主义事业培养合格的建设者和可靠的接班人。

课程思政在本质上是一种教育,目的是实现立德树人。课程思政是一种教育方式,也是一种教学体系,更是一种教育理念。

三、课程思政的特点

1. 寓德于课是首要特点

德,不仅是立身之本,而且是立国之基。既重视以德修身又重视从政以德,这是中华民族历来的价值追求。一个优秀的老师,应该是"经师"和"人师"的统一,既要精于"授业""解惑",更要以"传道"为责任和使命。教师既要做学问之师,又要做品行之师,其中即蕴含着立德这一重要要求。

习近平总书记在全国高校思想政治工作会议上明确指出:"高校立身之本在于立德树人""要坚持把立德树人作为中心环节,把思想政治工作贯穿教育教学全过程,实现全程育人、全方位育人,努力开创我国高等教育事业发展新局面"。立德作为思想政治教育的重要内容,也应是课程思政建设的重要内容。德借助于课程这一重要载体,是寓德于课的,既寓德于具体的课程内容,更寓德于教师的课程教学过程。

新时代,教师肩负着培养社会主义事业建设者和接班人的重要任务,而我们培养的社会主义事业建设者和接班人应该是德智体美劳全面发展的,而且首先要求的就是德。立德不只是思想政治理论课及其教师的任务,更是所有课程及教师的任务。立德是课程的应有之义,课程思政所要实现的正是寓德于课,从而为国家、社会和人民培养德才兼备之人。

2. 人文立课是主要特点

课程思政是在课程教学中挖掘"人文素养"元素,其中重要的是人文精神,即对人类生存意义和价值的关怀。事实上,每一门课程都可以成为课程思政建设的载体,只是难易程度有所区别。每一门课程的教学从根本上来说都是一种教育,都是在进行教书、育人,本身就蕴含了人文精神,只是不同课程的性质导致其不同程度地隐化了这种精神。

课程思政可以说是要突出课程原有的人文精神并在此基础上进一步加深。它强调教师在教学过程中应注意挖掘人文素养，使教学知识内涵更加丰富，知识教育更富情趣，能力培养更趋务实。我们要深刻领会习近平总书记反复强调的立德树人是教育的根本任务这一思想中所蕴含的人文精神，更加自觉、更加有效地把知识教育和理想信念教育、道德品格教育有机结合起来，充分发掘各类课程的思想政治教育元素，进而深化对课程思政的认识和理解，把对人本身的关怀融入每一门课程的教学之中，让所有课程真正承载起育人的功能，切切实实"守好一段渠、种好责任田"。

3. 价值引领是核心特点

课程思政是要将思想政治教育元素融入各类课程的教学过程中，其中思想政治教育元素主要指思想政治教育内容，不一定是具体的思想政治教育理论知识内容，也可以是思想政治教育所体现的价值理念和精神追求。一方面，从课程思政的具体融入内容看，具有较强的可操作性和比较容易实现的融合模式，即将社会主义核心价值观融入课程教学过程中，在内容上集中凸显了课程思政的价值引领特点；另一方面，从课程思政内容融入的抽象层面看，课程思政的主要内容不是要向学生灌输思想政治教育的基本理论知识，而是要通过这种教育形式来培养学生树立正确的世界观、人生观和价值观，实现对学生的价值引领。正如习近平总书记所言，青少年学生正处于人生的"拔节孕穗期"，最需要精心引导和栽培，而且青少年的价值取向在某种程度上体现了未来整个社会的价值取向，因此，抓好这一时期的价值观教育十分重要。总体而言，不管是从具体还是抽象的内容融入来看，价值引领始终是课程思政的核心特点。

四、课程思政的内容

课程思政的目标是，以习近平新时代中国特色社会主义思想为指导，坚持知识传授与价值引领相结合，运用可以培养学生理想信念、价值取向、政治信仰、社会责任的题材与内容，全面提高学生缘事析理、明辨是非的能力，让学生成为德才兼备、全面发展的人才。

要实现课程思政的上述目标，需要运用马克思主义方法论，通过积极培育和践行社会主义核心价值观，引导学生正确做人和做事，各教学科目和教育活动，主要围绕以下内容进行。

1. 师德风范

学高为师，身正为范。"教师是人类灵魂的工程师，承担着神圣使命。传道者自己首先要明道、信道。高校教师要坚持教育者先受教育，努力成为先进思想文化的传播者、党执政的坚定支持者，更好担起学生健康成长指导者和引路人的责任。"[①] 要以德立身、以德立学、以德施教，为学生点亮理想的灯、照亮前行的路。

2. 政治导向

教师应坚持正确的政治方向，要坚持教书和育人相统一，坚持言传和身教相统一，坚持潜心问道和关注社会相统一，坚持学术自由和学术规范相统一，坚守"学术研究无禁区，课堂讲授有纪律"的规矩，不在课堂上传播违反《中华人民共和国宪法》，违背党的路线、方针、政策的内容或言论，应使课堂成为弘扬主旋律、传播正能量的主阵地。

3. 专业伦理

专业伦理教育是对未来从业人员掌握并遵守的人与人之间的道德准则和职业行为规范的教育活动。教师要针对不同学段、不同学科的学生，即未来各行业的从业人员，在传授专业知识的过程中，明确将专业性职业伦理操守和职业道德教育融为一体，给予学生正确的价值取向引导，以此提升其思想道德素质及情商等。

4. 学习伦理

学习伦理是人们在学习活动中建立起来的人伦关系和处理这些关系应遵守的法则，是基于对类、群的伦理性认识和对学习内涵、价值、内容等方面的伦理反思和构建。课程思政功能的实现需要师生双方的共同努力。学生需要有良好的学习伦理，尊师重教、志存高远、脚踏实地、遵守纪律，在学习过程中体悟人性、弘扬人性、完善修养，培养理性平和的心态，让勤奋学习成为青春飞扬的动力。

5. 核心价值

"核心价值观，承载着一个民族、一个国家的精神追求，体现着一个社会

---

① 新华社. 习近平出席全国高校思想政治工作会议并发表重要讲话 [EB/OL]. (2016 - 12 - 08). http://www.81.cn/dblj/2016-12/08/content_7398878.htm.

评判是非曲直的价值标准。"① 教师要在教学过程中，将社会主义核心价值观的基本内涵、主要内容等有机、有意、有效地纳入整体教学布局和课程安排，做到教育教学和核心价值观教育相融共进，引导学生做社会主义核心价值观的坚定信仰者、积极传播者、模范践行者。

第三节 课程思政的价值旨归

一、课程思政的育人价值

随着经济全球化的深入推进及社会经济的不断转型发展，世界各国不同的思想文化与价值观念交织在一起，直接冲击着当下学生正确思想价值观念的养成。而学生群体正处于价值观形成的关键阶段，容易受到部分不良思想文化的影响，做出不当的价值选择，导致其丧失奋发向上的斗志，或者出现严重的功利主义倾向。所以，作为承担立德树人重任的学校，要尤其关注并引导学生树立正确的思想价值观念，树立远大的人生目标，且为了实现目标而奋斗，最终实现自身的人生价值。所以，为了更好地实现为经济社会发展培养高素质人才的目标，学校需要整合现有的教学资源，创新教学理念与教学手段，发挥学科课程教学的教学与育人协同功能。而课程思政就是学校实现知识传授与思想道德教育的同步达成的理想选择。文以载道，学校的学科课程本身具有育人的价值，将思政知识融入专业课程教学，则可以依托学科课程载体，无形中实现对学生价值的引领，同时达到对学生知识传授与价值塑造的目标。因为传统的课程教学可能导致学生难以在正确的价值观念下理解、吸收并掌握知识，然后正确运用知识发挥其价值，而课程思政可以在专业课程教学之外涵盖正确价值观念、道德情感选择等方面，让学生有感情地掌握所学知识，正确应用所学知识，为社会创造应有的价值，而不是用所学知识危害社会甚至阻碍社会的发展进步。所以，课程思政可以同步实现学生

---

① 新华社. 中共中央办公厅、国务院办公厅印发《关于进一步把社会主义核心价值观融入法治建设的指导意见》 [EB/OL]. (2016-12-25). http://www.gov.cn/zhengce/2016-12/25/content_5152713.htm.

知识的拓展、技能与道德的提升，体现了课程教育本身的育人价值。

1. 有利于传递社会主义核心价值观

在课程教学过程中，教师必须发挥主导作用，在课堂上向学生传递社会主义核心价值观。价值观引领仅仅靠嘴上去说往往是空洞的，要想做好思政课的价值引领，需要教师自身信仰坚定、态度虔诚、认真严谨、方法多样，给学生树立从"经师"到"人师"的榜样。

在新媒体技术蓬勃发展和网络空间浩如烟海的今天，中学生面临着各种社会思潮的冲击，教师如果自身价值观不正确、不坚定，则难以抵御错综复杂、多元流变的社会思潮的持续浸染。因此，教师应以课堂教学的价值引导为底色、以实践教学的现场体验为契机，帮助学生深刻领悟社会主义核心价值观的重要意义和科学内涵，推动他们真切体验社会主义核心价值观的凝聚力和引领力，引导他们牢固坚持社会主义核心价值观自信，始终坚持以人民为中心的立场，自觉将人生精力汇入服务人民、奉献社会的时代洪流。

2. 有利于点亮学生的理想之光

实现中华民族伟大复兴是中国人民共同的梦想，即中国梦。它是以习近平同志为核心的党中央在坚持和发展社会主义、科学研判国内国际形势的基础上所绘制的中国梦，是党和国家郑重的政治宣言，是勉励中国人民行稳致远的不竭源泉，是指导中国人民砥砺前行的精神旗帜。青少年正值树立理想信念的关键时期，教师应把握时机、善用模范的力量，激励他们坚定马克思主义信仰、坚守中国特色社会主义信念、坚持中华民族伟大复兴中国梦的信心，鞭策他们从新时代中国特色社会主义思想理论中汲取营养，帮助他们点亮理想之光，引导和唤醒他们将个人理想与中国梦紧密结合的高度自觉，在实现中华民族伟大梦想的过程中激活青春力量、实现个人价值。

3. 有利于培养学生深厚的家国情怀

家国情怀是历史发展的产物，是指个体在传统文化浸染下形成的对价值共同体的高度认同。家国情怀作为一种政治认同，能够促使认知共同体朝着积极、正面、良性的方向发展。教师在教学中融入与家国情怀教育相关的思政元素，在传授知识的同时开展情怀教育，将思政内容与学科知识相结合，有助于学生形成正确的情感态度和价值观，以及良好的行为习惯，从而使学生在风云变幻的国际国内形势下，始终坚守"我是中国人，强国有我"的信念。学生只有具有了深厚的爱国情怀、乡土情怀，才能立志为中华振兴而读书,才能在克服学习中遇到的各种困难时有不竭的动力,才能在学有所成之后愿意为了国家利益而放弃个人利益。教师在教学过程中深挖课程中的思政元素,用心设计教学过程,巧妙地将思政元素与课程知识相结合,以学科知识为载体促进学生全面发展,符合党的教育方针和学校教育的实际情况,不仅有利于当前教育工作的开展,而且有利于爱国精神的世代传承。

4. 有利于培养学生的科学精神

科学精神是一种勤于学习、勇于探索、严谨求实的学术品质,是人类社会发展的助推器。一切科学成果的问世都经历了曲折的过程,甚至有人为追求真理付出了生命的代价。每门学科的诞生亦是如此。在教学过程中,教师一方面结合学科起源与发展的背景知识讲解,培养学生坚定不移的科学意志、实事求是的科学精神和谦虚谨慎的科学态度,另一方面将马克思主义原理与科学社会主义的精髓与学科知识巧妙结合一同教授给学生,引导学生坚持正确的世界观和方法论。总之,在教学过程中,教师充分挖掘与利用课程思政元素,有利于培养学生的科学精神。

5. 有利于培育学生的核心素养

《义务教育道德与法治课程标准》(2022版,以下简称"新课标")明确要求:立足核心素养,制订彰显铸魂育人的教学目标。道德与法治课程围绕核心素养,体现课程性质,反映课程理念,确立课程目标。教师应从发展学生核心素养的角度制订教学目标,将核心素养的培育作为教学的出发点和落脚点,使教学目标在培育学生核心素养方面起到指引性、规定性的作用。

核心素养是课程育人价值的集中体现,是学生通过课程学习逐步形成的正确价值观、必备品格和关键能力。道德与法治课程要培养的核心素养,主要包括政治认同、道德修养、法治观念、健全人格、责任意识。

(1)政治认同。主要表现为:政治方向、价值取向、家国情怀。培育学生的政治认同,有助于他们形成正确的世界观、人生观、价值观,坚定正确的政治方向,初步树立共产主义远大理想和中国特色社会主义共同理想,成为德智体美劳全面发展的社会主义建设者和接班人。

(2)道德修养。主要表现为:个人品德、家庭美德、社会公德、职业道德。培育学生的道德修养,有助于他们经历从感性体验到理性认知的过程,传承中华民族传统美德,弘扬民族精神和时代精神,维护国家利益和安全,增强民族气节,明大德、守公德、严私德,形成健全的道德认知和道德情感,发展良好的道德行为。

（3）法治观念。主要表现为：宪法法律至上、法律面前人人平等、权利义务相统一、守法用法意识和行为、生命安全意识和自我保护能力。培育学生的法治观念，有助于他们形成法治信仰和维护公平正义的意识，做社会主义法治的忠实崇尚者、自觉遵守者、坚定捍卫者。

（4）健全人格。主要表现为：自尊自信、理性平和、积极向上、友爱互助。培育学生的健全人格，有助于他们正确认识自我、学会学习、学会生活、学会合作，养成积极的心理品质，提高适应社会、应对挫折的能力。

（5）责任意识。主要表现为：主人翁意识、担当精神、有序参与。培育学生的责任意识，有助于他们提升对自己、家庭、集体、社会、国家和人类的责任感，增强担当意识和参与能力。

二、课程思政建设的价值意蕴

新时代背景下，课程思政建设对于整个教学过程来说具有重要价值意蕴。有利于增强教育者的"三全育人"意识，贯彻落实课程思政的理念与功效，提升新时代对学校人才培养规格效应。对于学校实现立德树人，培养新型人才有深远的价值。

1. 增强"三全育人"意识

习近平总书记指出，"要用好课堂教学这个主渠道，思想政治理论课要坚持在改进中加强，提升思想政治教育亲和力和针对性，满足学生成长发展需求和期待，其他各门课都要守好一段渠、种好责任田，使各类课程与思想政治理论课同向同行，形成协同效应"。课程思政在学校的全面实行，有利于增强教育者实施"三全育人"的方针。课程思政建设的着眼点在"课程"二字，如若缺乏健全的课程体系，则难以将"三全育人"理念贯彻落实。新时代从思政课程到课程思政，通过对课程进行深入构思，将思政元素注入课堂之中，在教学过程之中融入德育元素，构筑"课程思政共同体"，使二者共同发力，一起开创新时代课程思政新局面。制定一系列全程育人体系，设计课程思政教学内容、选择教学方法、制定评价标准。让非思政课内含思政课韵味，将思想政治教育与各类课程无缝对接，以更好地推动课程思政的发展，实现非思政课与思政课大融合局面，从而增强教育者全员、全过程、全方位育人的意识。习近平总书记曾经对教育工作者提出要求，广大教师要做学生的"四个引路人"①，同时也指出，教育工作者要做到"四个相统一"②。"四个领路人"和"四个相统一"是成为一名合格教育者的前提条件，内在地彰显新时代教师的目标指向性和价值回归性。新时代教师必须明确打铁还需自身硬的教育理念，将"三全育人"的方针政策贯彻落实，形成以知识传授为支撑环节，以能力培养为关键环节，以价值观塑造为根本环节，节节贯通、齐头并进地推进"三全育人"的人才培养链条。

2. 推进落实课程思政的理念与功效

学校所有课程都具有思想政治教育功能，所有教师都肩负着思想政治教育重任。正如习近平总书记指出的"办好思想政治理论课关键在教师，关键在发挥教师的积极性、主动性、创造性"。课程思政的实施，不仅有效地引导学生学习社会主义核心价值理念，而且对教师贯彻落实立德树人的重任具有理论指导意义，可以使教师与学生双向成长，协同共进。通过在思政课与非思政课教学上有效融合，深入进行贯通与引导，积极有效地发挥课程思政的功效。

将思想政治教育课程转向"大思政"是新时代思想政治教育领域的新任务，各学校始终以马克思主义理论学科为支撑点，充分凸显思想政治理论课"指挥棒"的统领和核心作用，内在地体现了课程思政理念的显性功能和隐性功能。

课程思政与思政课程二者虽然概念不同，但都有共同的理念和功效，始终肩负着立德树人及培养时代新人的重任。而课程思政在理念的构建上，更加注重系统性架构，避免知识传播的零碎化、片面化。同时在教学功效上，创新育人的方式方法，拓展课程思政的价值意蕴。教师通过座谈、研讨，推进教学改革，提炼各类课程之中所内含的思想政治教育元素，将课程思政与思政课程二者进行高度契合、融合，将课程思政的理念和功效发挥到新的高度。因此，新时代构建课程思政的新理念，增强"三全育人"的模式效应，综合运用各类教育资源，倡导全体教师共同致力于课程思政理念的建设。

---

① 2016年9月9日，在第32个教师节前夕，习近平总书记来到北京市八一学校看望慰问师生，强调广大教师要做学生锤炼品格的引路人，做学生学习知识的引路人，做学生创新思维的引路人，做学生奉献祖国的引路人。

② "四个相统一"是指：坚持教书和育人相统一，坚持言传和身教相统一，坚持潜心问道和关注社会相统一，坚持学术自由和学术规范相统一。

3. 提升学校人才培养规格效应

课程思政的本质并非将各门课程都上成思想政治教育课，而是把包括专业课程在内的各类课程中的文化内涵融入课堂教学中，充分利用各种育人资源，增强思想政治教育在学校的引领力度，凸显价值使命和理想信念教育，提升学校培养人才的力度、规格及效应。新时代，学校不仅肩负立德树人的任务，而且也注重人才培养的规格，将思政课程理念转向课程思政理念，这凸显着思想政治教育育人功能的内在要义。学校是进行思想政治教育的前沿阵地，同时思想政治理论课担负着学校培养高规格人才的重任。中国特色社会主义学校在思政课教学方面具有鲜明的意识形态属性。要求学校始终坚持马克思主义，并且始终将其作为教育教学过程中的科学理论的指导，引导学生坚持社会主义核心价值观，形成正确的世界观、人生观和价值观，帮助学生扣好人生"第一粒扣子"。

新时代要有新思想，新思想呼唤新作为，新作为引领新担当。因此，在人才培养方面提出了更高的标准，做出了更加严格的要求，制定了更加科学的培养规划。党的二十大明确指出青年在社会主义现代化强国建设之中的使命与担当，而学校的根本任务立德树人，指明了新时代青年的重大职责，也为课程思政的理念奠定了基础。信息化时代的到来，使得知识传授在信息化平台就可以获得，但是课堂教学作为一种传统而经典的教学方式，依然经久不衰，甚至仍旧是当前知识传输的重要渠道。作为思想政治教育者，我们要重视课堂教学的重要性，立足于课堂教学这个主渠道，将思想政治教育领域的特殊矛盾与人才培养的内在需求有机结合。新时代，课程思政强调人才培养的效用化，将思想层面的教育贯穿到教育教学的全过程，避免走入体制化教育、应试教育的困境，也避免一部分人对学校教育做狭隘化、简单化理解，以此实现课程思政与思想政治教育系统教学相长、合拍共鸣。为此，学校课程思政在建设过程中要注重思想引导和价值塑造，改善学生内在的教育运行系统，既丰富学生的专业文化知识，又提升他的思想政治素养与人文情怀，有效地回应新时代学校人才培养规格的具体任务与时代需求。

三、深刻认识课程思政的时代价值

课程思政是学校以习近平新时代中国特色社会主义思想为指导，以习近平总书记关于教育工作的重要论述为根本遵循，落实立德树人根本任务的重要举措，是构建德智体美劳全面培养的教育体系和高水平人才培养体系的有效切入，也是完善全员全程全方位"三全育人"的重要抓手。

教育是国之大计，党之大计。学校肩负为党和国家培养人才的重任，需要高站位认识课程思政的时代价值，提升立德树人的针对性和实效性。

高度上，"培养什么人"，是教育的首要问题。与把思政课作为育人主渠道的传统观念不同，课程思政是将所有课堂作为育人主渠道，旨在将思想政治教育有机融入各类课程的教学和改革，实现知识传授与价值引领的有效结合，实现立德树人的润物无声，进而实现培养社会主义建设者和接班人，培养一代又一代拥护中国共产党领导和我国社会主义制度、立志为中国特色社会主义奋斗终身的有用人才的根本任务。因此，要按照中国特色社会主义伟大事业兴旺发达、后继有人的要求，从解决"首要问题"的根本举措的高度，提升深化课程思政建设的境界和情怀，落实好立德树人根本任务。

深度上，课程思政是构建"两个体系"的有效切入点。当前，如何把思想政治工作体系有效贯通高水平人才培养体系是高等教育领域亟待攻关的重大课题。课程思政应以课堂教学为切入点，以教师作为思想政治教育工作的最活跃要素，着力优化课程设置，修订专业教材，完善教学设计，把思想政治工作体系贯通学科体系、教学体系、教材体系、管理体系等。课程思政建设的逻辑思路充分体现了把思想政治工作贯通人才培养体系的可能与价值。因此，要按照加快教育现代化、建设教育强国，办好人民满意的教育的要求，从构建"两个体系"的深度，加大深化课程思政建设的力度，探索"专业思政""学科思政"建设，全面提高人才培养能力。

广度上，课程思政是完善"三全育人"的重要方面。课程思政不是哪一门课或哪一个部门的事情，而是一项为党育人为国育才的系统工程。它强调包括思想政治理论课在内的所有课程都有育人功能，所有教师都有育人职责。推进课程思政建设是全体教职工的共同责任，涉及教育教学全过程各方面，纵向需要层层激发动力、形成共识，横向需要多部门协同配合、互相支持，客观上有利于带动"三全育人"格局的形成。因此，要按照完善中国特色高等教育制度，实现教育治理体系和治理能力现代化的要求，深化课程思政建设，推动完善"三全育人"工作体系和机制。

学校课程思政建设实践表明，学校只要坚持以习近平新时代中国特色社会主义思想为指导，真学、真懂、真信、真用，坚持把立德树人作为根本任务，坚持以人民为中心发展教育，就一定能实现教育的改革创新。当然，课程思政作为一项系统工程,目前仍处于起步阶段,还需要教育工作者不断深入探究课程思政教学规律,全面强化体系化、规范化建设,科学实施考核评估与效果评价等,教育不忘初心、牢记使命,坚定方向,才能圆满完成党和国家交给的任务,落实好立德树人根本任务。

第二章

▶▶ 课程思政的引擎

第一节 立德树人的关键课程

一、思政课是落实立德树人根本任务的关键课程

2019年3月18日,习近平总书记主持召开学校思想政治理论课教师座谈会并发表重要讲话。他指出:"思想政治理论课是落实立德树人根本任务的关键课程。""在大中小学循序渐进、螺旋上升地开设思想政治理论课非常必要,是培养一代又一代社会主义建设者和接班人的重要保障。"①

在讲话中,习近平总书记高度肯定思想政治理论课的重要作用,强调思想政治理论课作用不可替代,思想政治理论课教师队伍责任重大,并对如何办好这一关键课程做出了具体部署和指导。

办好思政课意义重大。青少年阶段是人生的"拔节孕穗期",最需要精心引导和栽培,思想政治理论课要能够给学生心灵埋下真善美的种子,引导学生扣好人生"第一粒扣子"。办好学校思政课,事关中国特色社会主义事业后继有人,是培养一代又一代社会主义建设者和接班人的重要保障。在这个问题上,必须提高政治站位、深化思想认识,必须旗帜鲜明、毫不含糊。正如

---

① 新华社. 习近平主持召开学校思想政治理论课教师座谈会[EB/OL].(2019-03-18). http://www.gov.cn/xinwen/2019-03/18/content_5374831.htm.

习近平总书记一直强调的,"思政课作用不可替代,思政课教师队伍责任重大"①。

教育工作的根本任务是立德树人,而落实立德树人根本任务的关键课程正是思想政治理论课。在学校思想政治理论课教师座谈会上,习近平总书记站在实现中华民族伟大复兴的全局和战略高度,深刻回答了事关我国教育事业发展和培养担当民族复兴大任时代新人的一系列重大问题,深刻阐明了办好思想政治理论课的重大意义、主要任务和基本要求,为我们推进这一课程建设指明了前进方向、提供了重要遵循。

思想政治理论课是落实立德树人根本任务的关键课程。在座谈会上,习近平总书记强调,办好思想政治理论课,最根本的是要全面贯彻党的教育方针,解决好培养什么人、怎样培养人、为谁培养人的根本问题。新时代贯彻党的教育方针,要坚持马克思主义指导地位,全面贯彻新时代中国特色社会主义思想,坚持社会主义办学方向,落实立德树人的根本任务,坚持教育为人民服务、为中国共产党治国理政服务、为巩固和发展中国特色社会主义制度服务、为改革开放和社会主义现代化建设服务,扎根中国大地办教育,同生产劳动和社会实践相结合,加快推进教育现代化、建设教育强国、办好人民满意的教育,努力培养担当民族复兴大任的时代新人,培养德智体美劳全面发展的社会主义建设者和接班人。

习近平总书记强调,我们办中国特色社会主义教育,就是要理直气壮开好思政课,用新时代中国特色社会主义思想铸魂育人,引导学生增强中国特色社会主义道路自信、理论自信、制度自信、文化自信,厚植爱国主义情怀,把爱国情、强国志、报国行自觉融入坚持和发展中国特色社会主义事业、建设社会主义现代化强国、实现中华民族伟大复兴的奋斗之中。

思政课教师应具备政治要强、情怀要深、思维要新、视野要广、自律要严、人格要正六种素养。思政课作用不可替代,思政课教师队伍同样责任重大。习近平总书记强调,办好思想政治理论课关键在教师,关键在发挥教师的积极性、主动性和创造性。

八个"统一"改革创新思政课。思政课的改革创新,离不开课程思想性、理论性和亲和力、针对性的不断增强。对此,习近平总书记强调了八组辩证

---

① 新华社. 习近平主持召开学校思想政治理论课教师座谈会 [EB/OL]. (2019-03-18). http://www.gov.cn/xinwen/2019-03/18/content_5374831.htm.

关系。其一，要坚持政治性和学理性相统一，以透彻的学理分析回应学生，以彻底的思想理论说服学生，用真理的强大力量引导学生。其二，要坚持价值性和知识性相统一，寓价值观引导于知识传授之中。其三，要坚持建设性和批判性相统一，传导主流意识形态，直面各种错误观点和思潮。其四，要坚持理论性和实践性相统一，用科学理论培养人，重视思政课的实践性，把思政小课堂同社会大课堂结合起来，教育引导学生立鸿鹄志，做奋斗者。其五，要坚持统一性和多样性相统一，落实教学目标、课程设置、教材使用、教学管理等方面的统一要求，又因地制宜、因时制宜、因材施教。其六，要坚持主导性和主体性相统一，思政课教学离不开教师的主导，同时要加大对学生的认知规律和接受特点的研究，发挥学生主体性作用。其七，要坚持灌输性和启发性相统一，注重启发性教育，引导学生发现问题、分析问题、思考问题，在不断启发中让学生水到渠成得出结论。其八，要坚持显性教育和隐性教育相统一，挖掘其他课程和教学方式中蕴含的思想政治教育资源，实现全员全程全方位育人。① 落实好这八个"相统一"的具体要求，思政课改革创新就能始终坚持正确方向。

二、思政课程与课程思政的关系

现阶段正是以习近平新时代中国特色社会主义思想为指导，通过构建多方面参与的一体化学校思想政治工作体系，形成了全员育人全过程育人全方位育人格局。习近平总书记在全国高校思想政治工作会议上明确要求"要用好课堂教学这个主渠道"。可见，课堂教学是现阶段及今后学校思想政治工作的主要开展形式，体现了教书育人的回归和统一。课程思政理念来源于此，思政课程却早已有之，两者关系密不可分。

思政课程是课程思政的关键和核心。习近平总书记在学校思想政治理论课教师座谈会上的重要讲话中指出，立德树人是教育的根本任务，思想政治理论课是落实立德树人根本任务的关键课程。思政课程有着明确规定的课程体系、教学内容和学时要求，学校必须在既定的教学要求框架内实施思政课程教学。思政课程的教学目标非常明确，就是让学生通过学习马克思主义和习近平新时代中国特色社会主义理论，加强学生的理想信念教育，引导学生

---

① 新华社. 习近平主持召开学校思想政治理论课教师座谈会［EB/OL］.（2019 - 03 - 18）. http://www.gov.cn/xinwen/2019 - 03/18/content_5374831.htm.

对中国特色社会主义道路形成认同,并把理论知识转化为共产主义信念追求,遵循社会主义核心价值观,培养优良品行。一方面,思政课程为课程思政提供了理论支撑及行为保障。也就是实施课程思政首先要建设并培育好思政课程,思政课程的先行地位在此尤为突出,在课程思政理念构想、理论研究及实施环节中处于引领、指导的地位,思政课程教师甚至应该承担起对其他知识类课程教师开展课程思政的"指导教师"职责。思政课程在课程思政理论研究和改革实践中是关键内容与核心要义所在。另一方面,从学校教学体系的体量上,思政课程虽然只占一小部分,但在立德树人上发挥着其他课程无法替代的重要功能。其他知识类课程的育人功能也很关键,但主要还是传授专业知识。在教师教书与育人、言传与身教必须统一的总体育人框架内,其他知识类课程与思政课程必须保持同向同行,教学内容虽有不同,育人方向必须保持一致。放在课程思政实施过程中去讨论,即思政课程不建设好、组织好,课程思政教学改革就无法得到根本保障。因此,思政课程毫无疑问是课程思政的灵魂,是旗帜和方向,是课程思政价值取向的来源,也是课程思政的实施驱动力。一所学校如果建设不好思政课,其课程思政实施一定会因缺少理论引导和实践指导而无法深入组织与开展,只会造成走过场、空洞化、一阵风的局面。

思政课程之外的其他课程是课程思政的实施主渠道。开展课程思政不能本末倒置,一是要强调思政课程的关键性、指导性,二是一定要坚持所有课程才是立德树人教育任务的主战场、主阵地、主渠道。课程思政,课程在前,不坚守校园内主流意识形态的主要发声地、传播地,思政属性就无处表达,就会脱离"思想政治工作回归课堂教学主渠道"的课程思政实施初衷,"与思想政治理论课同向同行"就会落空,容易回到思想政治课教育与专业课教育"两张皮"的老路。每一门课程都有其价值属性、精神涵盖、道德体现,甚至是价值观表达,尤其是自然科学的众多学科主要源于西方发达国家,学科史中不可避免地融入了西方的价值观、社会历史观和世界观等。知识类课程是科学探索、人类生产生活实践依据的存在,必须把握好它们和意识形态、政治与价值观的边界,这就需要在思想政治理论课教师的指导下,对学校教师对应教学任务的每一门课程开展价值观及精神实质等层面表达的梳理。所以,课程思政不仅仅是思政课教师的必要教学能力,其他知识类课程的教学行为也应严格把控,从而为学生提供实践榜样。

总之,课程思政的有效实施离不开思政课程的先行地位、指导地位和核心地位，课程思政的深入推进，需要不断增强思政课程的思想性、理论性、亲和力和针对性。思想和理论，正是提高知识类课程向在校学生回答和解释现实问题说服力的最有力工具。尤其在现阶段，围绕深刻而复杂的国内外形势，知识类课程要解决好培养什么人、怎样培养人、为谁培养人这些问题，就需要在思政课程的协同下，引好路、把好关，加强对学校教师的课程教学协同育人指导，确保所有课程与思政课程同行同向，真正把课程思政理解到位、落实到位，使学校思想政治工作真正回归课堂教学主渠道，全面渗透到学校教育教学全过程。

三、发挥思政课的关键课程作用

习近平强调，办好中国的事情，关键在党。[①] 对于如何发挥好党在思政课建设中的重要作用，习近平做出了具体部署。针对各级党委，习近平强调要把思想政治理论课建设摆上重要议程，抓住制约思政课建设的突出问题，在工作格局、队伍建设、支持保障等方面采取有效措施。要建立党委统一领导、党政齐抓共管、有关部门各负其责、全社会协同配合的工作格局，推动形成全党全社会努力办好思政课、教师认真讲好思政课、学生积极学好思政课的良好氛围。

针对学校党委或支部，习近平强调要坚持把从严管理和科学治理结合起来。学校党委（支部）书记、校长要带头走进课堂，带头推动思政课建设，要配齐建强思政课专职教师队伍，要把统筹推进大中小学思政课一体化建设作为一项重要工程。

针对各地区各部门负责同志，习近平提出"要积极到学校去讲思政课"[②]。

思政课建设是一项教育工程，也是一项政治工程，更是一项战略工程。学校应当始终旗帜鲜明地坚持社会主义办学方向，全面贯彻党的教育方针，把思政课作为落实立德树人根本任务的关键课程，用习近平新时代中国特色社会主义思想铸魂育人，努力绘就大国良师的精神底色。

厚植理想信念，牢记初心使命。思政课是学校学生的精神"钙片"。在推动思政课改革创新的过程中，聚焦"面向未来的卓越教师和拔尖创新人才"

---

① 新华社. 习近平主持召开学校思想政治理论课教师座谈会［EB/OL］.（2019-03-18）. http://www.gov.cn/xinwen/2019-03/18/content_5374831.htm.

② 同上。

的人才培养目标,学校需要坚持把理想信念教育放在首位,着眼于教育事业的长远发展,努力实现让有信仰的人讲信仰,让优秀的人培养更优秀的人。让今后毕业的学生,无论从事什么职业,都能深刻理解母校"为民族复兴办教育,为国家富强育英才"的赤诚初心和为解决中国问题尤其是中国教育问题提供有效方案和高质量对策,为党和国家培养一批又一批人才。

厚植家国情怀,矢志兼济天下。思政课是学生的指路"火把"。热爱祖国是新时代青年的立身之本、成才之基,爱国主义教育是学校思政工作的主旋律。学校师生身上传承的红色基因和文化品格,是推动学校改革发展的不竭精神动力,更是开展思政教育的宝贵课程资源。我们的思政课建设必须利用好这些资源,引导学生听党话、跟党走,将爱国情、强国志、报国行自觉融入坚持和发展中国特色社会主义事业、建设社会主义现代化强国、实现中华民族伟大复兴的奋斗之中。

厚植教育自信,勇于变革创新。思政课是学校学生的成长养分。学校要直面思政课的老问题和新苗头,直面"00后""10后"等学生的群体特征和个性特点,创新性推进马克思主义理论学科建设,在健全学科支撑体系上下功夫,在推动各类课程协同合力上下功夫,在促进思政小课堂与社会大课堂的深度融合上下功夫,以实现"三全育人"目标。

厚植仁爱之心,锤炼品德修为。思政课是学校学生的琢玉"利器"。注重修身立德,以真善美雕琢学生的高洁操行和淳朴情感,是传统文化浸润下中国特色思政教育的独特气质。古语云,"三人行,必有我师焉",闻道先者、术业专者皆可为师。广大教育工作者都应拥有一份师者仁心,面对复杂的世界大变局和外部诱惑,明大德、守公德、严私德,永葆热爱教育的定力、淡泊名利的坚守、饮水思源的感恩之心,追求更有高度、更有境界、更有品位的人生。

厚植理想信念、家国情怀、教育自信、仁爱之心,实现政治性和学理性、价值性和知识性、建设性和批判性、理论性和实践性、统一性和多样性、主导性和主体性、灌输性和启发性、显性教育和隐性教育相统一,这是学校思政工作的价值追求。未来,学校需进一步提升用当代马克思主义武装头脑的行动力,提升统筹规划思政课建设的领导力,提升服务党和国家战略的战斗力,为我国思政课建设的改革发展贡献智慧与力量。

面对当前大思政教育局面,传统思政课建设、教学模式已难以适应新时代发展需要,必须进行思政课相关改革。学校要全面发挥思政课程、课程思政作用，深入落实新时代学校立德树人根本任务。一是要发挥思政课的关键课程作用，必须坚持在改进中加强，不断推进思政课改革创新，推动思政课建设内涵式发展，提高思政课教学实效。二是必须在工作格局、队伍建设、支持保障等方面采取有效措施，解决制约思政课建设的突出问题。三是要完善课程体系，解决好各类课程和思政课相互配合的问题，全面强化体系化、规范化建设，科学实施考核评估与效果评价，让课程思政真正落地见效。四是要结合学校实际，系统设计、统筹推进。宣传处、教务处、马克思主义学校要形成领导联动、核心成员联动机制，要对文件中的规定动作和具体要求进行归纳、梳理。五是要压实责任，落实到位。从学校主要领导，到责任领导、责任部门，再到具体责任人员，下发任务书、明确时间表、制定路线图，并拿出督导指导办法，确保相关文献、文件在学校执行到位、实效显著。

四、建好立德树人的关键课程

2022年4月25日，在五四青年节即将到来之际，习近平总书记来到中国人民大学考察调研，观摩思政课智慧教室现场教学，倾听讲授并参与讨论。习近平总书记从培养担当民族复兴重任的时代新人的战略高度，强调"'为谁培养人、培养什么人、怎样培养人'始终是教育的根本问题"[①]，为我们办好思政课、做好新时代思想政治工作指引正确方向、提供行动指南。怎样建设立德树人的关键课程？

首先，把思政课办得越来越好是思政人的神圣使命。

一是办好思政课，必须理直气壮，信心十足。马克思主义是立党立国之本，我们党始终坚持马克思主义的指导地位。中国特色社会主义是科学社会主义理论逻辑与中国社会发展历史逻辑的辩证统一，大力推进中国特色社会主义理论体系学科建设，为思政课建设提供了根本保证。中国特色社会主义取得的成就举世瞩目，中国特色社会主义道路自信、理论自信、制度自信、文化自信，为思政课建设提供了有力支撑。中华民族优秀传统文化、党带领人民锻造的革命文化和社会主义先进文化，为思政课建设提供了深厚力量。用好各方面有利条件，充分汲取长期以来形成的成功经验，不断推进守正创

---

① 新华社. 习近平在中国人民大学考察时强调：坚持党的领导传承红色基因扎根中国大地 走出一条建设中国特色世界一流大学新路［EB/OL］．（2022-04-25）. http：//www. gov. cn/xinwen/2022-04/25/content_ 5687105. htm.

新,我们完全有信心有能力把思政课办得越来越好。

二是办好思政课,必须落实立德树人根本任务。不管什么时候,为党育人的初心不能忘,为国育才的立场不能改。我们党立志于中华民族千秋伟业,必须培养一代又一代拥护党的领导和社会主义制度、立志为中国特色社会主义事业奋斗终身的有用人才。我们办中国特色社会主义教育,就是要理直气壮开好思政课,用习近平新时代中国特色社会主义思想铸魂育人,引导学生增强"四个自信",厚植爱国主义情怀,把爱国情、强国志、报国行自觉融入坚持和发展中国特色社会主义事业、建设社会主义现代化强国、实现中华民族伟大复兴的奋斗之中。必须深刻认识到,只有坚持把立德树人作为根本任务,全面贯彻党的教育方针,着力解决好培养什么人、怎样培养人、为谁培养人的根本问题,才能让党和国家事业兴旺发达、后继有人,才能推进伟大事业、实现伟大梦想。

三是办好思政课,必须浇花浇根,育人育心。学校思想政治工作本质上是做人的工作,必须始终围绕学生、关照学生、服务学生,把立德树人的根本任务贯穿全过程。青少年最需要精心引导和栽培。学校要因事而化、因时而进、因势而新,深刻把握长期以来形成的规律性认识,推进改革创新,不断增强思政课的思想性、理论性、亲和力、针对性,让思政课堂充满活力、魅力四射。全员育人、全程育人、全方位育人,把思想政治工作做在日常,影响到每个人,润物无声。

其次,在把握好"三个点"的同时使讲话精神落地生根。

空谈误国,实干兴邦。学校必须深入学习践行习近平总书记在学校思想政治理论课教师座谈会上的重要讲话精神,在具体工作中,准确把握"三个点"。

一是找准突破点。做好学习宣传工作,突出"三进"(进机关、进社区、进企业)实效。当前和今后一个时期,深入学习贯彻习近平总书记在学校思想政治理论课教师座谈会上的重要讲话精神是教育部门的头等大事和重要政治任务,要通过集中学习、分类座谈、邀请专家做报告等多种形式,组织全体教师认真学习贯彻讲话精神,坚定信心,积极推进习近平新时代中国特色社会主义思想"进教材、进课堂、进头脑",不断增强思政课的思想性、理论性、亲和力和针对性。把学习贯彻习近平总书记重要讲话精神不断引向深入,持续营造良好氛围。

二是抓住关键点。让有信仰的人讲信仰,办好思政课关键在教师。要按照"政治要强""情怀要深""思维要新""视野要广""自律要严""人格要正"①的基本要求，自觉对标，以德立身、以德立学、以德施教，坚持教书和育人相统一，坚持言传和身教相统一，坚持潜心问道和关注社会相统一，坚持学术自由和学术规范相统一，自觉发挥积极性、主动性和创造性，用高尚的人格感染学生、赢得学生，用真理的力量感召学生，以深厚的理论功底赢得学生，积极打造一支"可信、可敬、可靠、乐为、敢为、有为"②的思政课教师队伍。

三是突出着力点。与时俱进、敢于创新，切实增强思政教育的吸引力和感染力。学校要按照"八个相统一"的要求，即坚持政治性和学理性相统一、价值性和知识性相统一、建设性和批判性相统一、理论性和实践性相统一、统一性和多样性相统一、主导性和主体性相统一、灌输性和启发性相统一、显性教育和隐性教育相统一，深刻把握长期以来形成的规律性认识，推进改革创新，让思政课有虚有实、有棱有角、有情有义、有滋有味，切实打造思政"金课"。

再次，在"三个着力"中推进思政课改革创新。

一是着力于制度建设，让思政课立起来。构建务实管用的制度体系，落实教学目标、课程设置、教材使用、教学管理等方面的统一要求。其一，全面加强党的建设，严格党组织生活和党性教育制度，签署思想政治理论课教师政治承诺书，严明政治纪律和规矩。其二，完善教学纪律和制度。建立严格集体备课制度、多层次听课制度、督查制度、教学质量考核制度、试卷及评阅制度等，严格规范教学过程，提升教学质量。其三，建立促进青年教师成长机制。多年来学校坚持青年教师导师制，通过开展教师讲课比赛、优秀教学成果评选、目标考核与中期考核相结合等制度，引导教师把主要精力放在研究教学内容、创新教学方法等方面，提高教学实效。其四，继续推动思政课迈上刀刃向内、锻铁为骨的自我革新之路，使思政课的政治方向、课堂纪律、教学效果、师资力量、师生评价都得以维护，牢牢守住立德树人的主战场、主阵地，使思政课立起来。

二是着力于队伍建设，让教师强起来。办好思政课，关键在教师，学校

---

① 新华社. 习近平主持召开学校思想政治理论课教师座谈会 [EB/OL]. (2019 – 03 – 18). http://www.gov.cn/xinwen/2019 – 03/18/content_5374831.htm.

② 新华社. 习近平主持召开学校思想政治理论课教师座谈会 [EB/OL]. (2019 – 03 – 18). http://www.gov.cn/xinwen/2019 – 03/18/content_5374831.htm.

积极采用多种方式发挥教师的积极性、主动性和创造性。一方面，提高教师思想政治素质和职业道德水平。学校充分发挥党组织的领导和把关作用，保证教师队伍建设的正确政治方向，始终把提高教师思想政治素质和职业道德水平摆在首要位置，推动教师成为先进思想文化的传播者、党执政的坚定支持者、学生健康成长的指导者。另一方面，狠抓教师业务技能提高。学校围绕教学活动制定了相关的教师培训制度，充分发挥骨干教师的引领作用，通过示范教学、青年教师讲课比赛、教学技能大赛等活动，夯实了学校教师的教学业务水平，形成了教师人人尽展其才、好教师不断涌现的良好局面，形成了一支"可信、可敬、可靠，乐为、敢为、有为"的思政课教师队伍。

三是着力于"三个课堂"，让思政课活起来，落实立德树人根本任务。首先，充分发挥传统面对面课堂教学的主渠道主阵地作用，办好第一课堂。高度重视课堂教学，坚持灌输性和启发性相统一，不断推进教学方法改革创新。其次，积极打造思政课程与课程思政实践教学第二课堂。坚持"把思政课开在田野里""把思政课开在生活中"的理念，依托家庭、学校、社会资源，把思政理论小课堂同社会实践大课堂结合起来、将课堂育人与文化育人结合起来，将学生的道德模范感人事迹与思想政治教育理论结合起来，将乡村振兴战略与民族复兴大背景结合起来，通过建立实践基地，构建"五位一体"实践教学模式，推动全体教师、所有课程都"守好一段渠，种好责任田"。教育引导学生在实践中立鸿鹄志，做奋斗者。再次，开展信息化、网络化教学课堂，占领网络思想政治教育阵地。一方面，可以将网络引入课堂，使用新的教学软件平台，将传统教学与现代新技术相融合，激活主题式、议题式互动式教学，实现大班课堂师生全员互动，增强思政课的时代感和参与感，切实提高学生融入思政课教学的主动性与积极性，实现学生到课率、抬头率的双提升。另一方面，将思政课搬进网络，顺应网络时代潮流在微信、微博、抖音等阵地频繁发声，运用网络文本教学、网络音频教学和网络视频教学等方式，充分利用互联网与学生实现"键对键"的交流，将"键对键"与"面对面"有机结合，使思政课活起来。抓好"三个课堂"建设，形成校内、校外资源的协同效应，网上、网下的相互配合，课上、课下的相互补充，打造生动鲜活立体的思政课。

第二节 从思政课程到课程思政

一、课程思政的历程

课程思政是指以构建全员全程全课程育人格局的形式将各类课程与思想政治理论课同向同行，形成协同效应，把"立德树人"作为教育的根本任务的一种综合教育理念。

自 2004 年以来，中央先后出台关于进一步加强和改进未成年人思想道德建设和学生思想政治教育工作的文件，上海也由此开启了学校思想政治教育（德育）课程改革的探索之路。上海课程改革经历了三个阶段，改革重心由中小学德育课程建设转变为注重大中小德育课程一体化建设，在此进程中，构建全员全程全课程育人格局的理念也越来越清晰。

第一阶段：自 2005 年起，启动实施"两纲教育"，推进以"学科德育"为核心理念的课程改革。为贯彻落实中央文件精神，上海于 2005 年先后出台了《上海市学生民族精神教育指导纲要（试行）》和《上海市中小学生生命教育指导纲要（试行）》，整体构建大中小学德育体系（以下简称"两纲教育"）。"两纲教育"十年来有一个核心理念，即"学科德育"理念，就是把德育的核心内容有机分解到每一门课程，充分体现每一门课程的育人功能、每一位教师的育人责任。根据各门学科的知识特点及其所蕴含的德育资源，上海编制了学科德育"实施意见"，逐步修订中小学各学科"课程标准"和"教材内容"，促进知识与技能、过程与方法、情感态度价值观的三维统一，为小学、初中、高中各个学段的所有课程实施学科德育提供了理论支撑和操作建议。在总结过去十余年上海德育课程改革经验的基础上，最重要的经验是要提升德育实效性，必须将社会主义核心价值观作为核心内容整体，科学、有序地融合进各学段、各学科。

第二阶段：自 2010 年起，承担国家教育体制改革试点项目"整体规划大中小学德育课程"，聚焦大中小学德育课程一体化建设。2010 年，上海承担国家教育体制改革试点项目"整体规划大中小学德育课程"。以此为契机，在"两纲教育"的基础上，探索形成了以社会主义核心价值观为核心教育指向，以政治认同、国家意识、文化自信和公民人格为重点的顶层内容体系构架，并根据不同学段学生特点，开展德育课程一体化设计。一体化主要包括三层含义。一是纵向衔接。紧密结合中小学课程改革和高校思想政治理论课建设，依托各学段德育工作基础，坚持把有效衔接、分层实施、循序渐进、整体推进作为根本要求，重点在学段的纵向衔接上下功夫。二是横向贯通。就是要把第一课堂、第二课堂和第三课堂（网络空间）之间打通。要充分发挥第一课堂的主渠道作用，不断加强第二课堂的文化育人、实践育人作用，着力提升第三课堂的网络教育内涵。三个课堂相互联系、相互影响、相互补充。三是"三位一体"。就是要使学校、家庭和社会形成育人合力，充分发挥学校教育的主导优势，加强家庭教育的基础作用，挖掘社会教育的育人功能，发挥育人的综合效应。这个阶段的探索，大中小德育课程衔接主要聚焦高校思想政治理论课与中学阶段政治课程的衔接，重点解决大中小学德育课程知识简单重复、层次递进不明、与学生身心发展匹配度不够等问题，切实提升大中小学德育实施的有机整体性。

第三阶段：自 2014 年起，将德育纳入教育综合改革重要项目，逐步探索从思政课程到课程思政的转变。2014 年上海市委、市政府印发《上海市教育综合改革方案（2014—2020 年）》。上海教育综合改革的基本目标，就是构建三个制度体系：一是以遵循教育规律，回归育人为本为重点，形成促进学生德智体美劳全面发展和终身发展的育人制度；二是以加强顶层设计，转变政府职能为重点，形成科学分离而又有机统一的"管办评"制度体系；三是以加强资源共享，促进融合互补为重点，形成教育与经济社会发展合作共赢的协同联动制度体系。在三个目标体系中，从教育系统内部来说，核心就是坚持"育人为本、德育为先"，把立德树人作为教育的根本任务，也就是把培育和践行社会主义核心价值观有机融入整个教育体系，全面渗透到学校教育教学全过程，充分体现在学校日常管理之中，在落小、落细、落实上下功夫。

这个阶段之后，上海逐步形成"课程思政"理念，推出了"大国方略"等一批"中国系列"课程，选取部分高校进行试点，发掘专业课程思想政治教育资源。我们认识到，加强高校思想政治教育工作，必须从高等教育"育人"本质要求出发，从国家意识形态战略高度出发，不能就"思政课"谈"思政课"建设，而应抓住课程改革核心环节，充分发挥课堂教学在育人中的主渠道作用，着力将思想政治教育贯穿于学校教育教学的全过程，着力将教书育人落实于课堂教学的主渠道之中，深入发掘各类课程的思想政治理论教育资源，发挥所有课程育人功能，落实所有教师育人职责。

二、全员育人：从思政课程到课程思政的转变

学校思想政治教育承担着培养合格建设者和可靠接班人的重大使命。当前西方思潮不断涌入，学生的价值观念受商品经济负面影响日益凸显，如何创新高校思政教育的方式，提高学校思政教育的有效性，一直是摆在学校和思政教育工作者面前的重大课题。

培养什么人，如何培养人是一切教育工作的出发点和落脚点。教育的根本任务是回答培养什么样的人的问题。思政课程体系建设则是回答怎样培养人的问题。目前，我国学校的思想政治理论课立足于专门化的课程体系建设，在这方面开展了许多积极的探索，也取得了一定的成效。无论是推进课程内容的完善，还是创新思政课的教学方式，目的都在于推动思政课更好入脑入心。

但我们也应该看到，教育是个整体，所有的课程教育都承担着立德树人的教育任务，所有的教师都承担着教书育人的职责。我们不能割裂思政课与非思政课之间的关系，将思政课变成传播价值观念的孤岛，那样不仅达不到应有的教育效果，还会起到相反作用。从思政课程到课程思政是未来发展的必然，也是思政教育体系建设的大视角。

三、走向课程思政的教学指南

课程思政不是一门或一类特定的课程，而是一种教育教学理念。课程思政也是一种思维方式，教师在教学过程中要有意、有机、有效地对学生进行思想政治教育；体现在教学的顶层设计上要把人的思想政治培养作为课程教学的目标放在首位，并与专业发展教育相结合。

课程思政不是要改变专业课程的本来属性，更不是要把专业课改造成思政课模式或者将所有课程都当作思政课程，而是要充分发挥课程的德育功能，运用德育的学科思维，提炼专业课程中蕴含的文化基因和价值范式，将其转化为社会主义核心价值观具体生动的有效教学载体，在知识学习中润物细无声地融入理想信念层面的精神指引。

课程思政教学设计，不仅符合一般社会科学研究的原则，而且应适合于思想政治教育学科的特殊性。

灌输与渗透相结合。灌输应注重启发，是能动的认知、认同、内化，而非被动的注入、移植、楔入，更非填鸭式的宣传教育。渗透应注重贴近实际、贴近生活、贴近学生，注重向社会环境、心理环境和网络环境等方向渗透。灌输与渗透相结合就是坚持春风化雨的方式，通过不同的选择，从被动、自发的学习转向主动、自觉的学习，主动将之付诸实践。

理论与实际相结合。课程思政教育元素，不是从抽象的理论概念中逻辑地推论出来的，而是应从社会实际中寻找，从各学科的知识与社会实践结合度中去寻找；不是从理论逻辑出发来解释实践，而是从社会实践出发来解释理论的形成，依据实际来修正理论逻辑。坚持理论与实际相结合，因事而化、因时而进、因势而新。

历史与现实相结合。历史是过去的现实，是现实的前身；现实是历史的延伸，是未来的历史。课程思政的教学设计，从纵向历史与横向现实的维度出发，通过认识世界与中国发展的大势比较、中国特色与国际的比较、历史使命与时代责任的比较，使思政教育元素既源于历史又基于现实，既传承历史血脉，又体现与时俱进。

显性教育与隐性教育相结合。课程思政教学设计，应坚持显性教育与隐性教育的结合。显性教育和隐性教育不是具体的单个方法的名称，而是一种类型教育方法的称谓。其中，前者指的是教师组织实施的、直接对学生进行公开的道德教育的正规工作方式的总和。在此，通过隐性渗透、寓道德教育于各门专业课程之中，通过滴水穿石的方式，实现显性教育与隐性教育的有机结合。

共性与个性相结合。任何事物的发展都是共性与个性的结合、统一性与差异性的融合。就思想政治教育而言，教育目的的价值取向是一种共性、统一性，个体的独特体验则是事物的个性、差异性。课程思政教学设计，必须遵循共性与个性相结合的原则，既注重教学内容的价值取向，也遵循学生在学习过程中的独特体验。

正面教育与纪律约束相结合。正面教育是指通过摆事实、讲道理，使学生明辨是非、善恶，提高认识，形成正确观念和道德评价能力的一种教育方法。课程思政教育和教学，必须坚持以正面引导、说服教育为主，积极疏导，启发教育，同时辅以必要的纪律约束，引导学生品德向正确、健康方向发展。

课程思政是一种融入式、嵌入式教育，是知识教育与价值导向的结合，是育人于无形的教育形式，实现课程思政应从以下三个方面着手。

一是理念上的认识。课程思政是在非思政课程中纳入能够引导学生树立正确价值观和世界观的内容，强调价值引领不仅仅限于思想政治理论课，还要贯穿在专业课上。从思政课程到课程思政是对学校思想政治教育课程体系的创新发展。学校从思政课程转向课程思政建设，首要的是加强对课程思政这一创新理念的认识，既要充分认识课程思政的重要性和必要性，在全校形成共识，统一思想，也要加强对课程思政内涵的进一步认识，充分挖掘专业课程的价值引领元素，做好思想政治教育与专业教育的无缝对接。

二是管理架构的设计。思政课程主要在于思想政治理论教育的课程体系建设，而课程思政重在知识体系和价值导向的融合。从思政课程到课程思政是整体性、系统性、开放性工作，学校在大构架上要做积极的顶层设计，在执行层面，学校教育教学管理部门要综合协调。基于思政课第一课堂出发，辐射第二课堂，衔接课程思政课堂，才能把这项系统工程建设好。

三是教师素质的提高。思政课程转向课程思政模式，需要全员共同参与，形成"三全育人"模式。当代思政教育需要回应学生的期待，帮助他们掌握正确观察和分析社会的知识和方法。这就需要众多学科教师共同承担起这项任务。学校要充分调动各学科教师的积极性，成立相关师资团队，加强教学研讨，同时要注意提高教师素质。

第三节 思政课程引领课程思政

2020年5月28日，教育部印发了《高等学校课程思政建设指导纲要》（以下简称《纲要》），这是为深入贯彻落实习近平总书记关于教育的重要论述和全国教育大会精神，贯彻落实中共中央办公厅、国务院办公厅《关于深化新时代学校思想政治理论课改革创新的若干意见》而提出的纲领性文件，既为新时代高校全面推进高校课程思政建设提供了根本遵循，也为中小学课程思政建设指明了方向。课程思政与思政课程不仅存在显著区别，更有着紧密联系。思政课教师应主动增强自觉与担当，充分认识自身在课程思政建设中的显著优势，并努力将其转化为实践动能，引领课程思政改革。

一、思政课程：实现课程思政改革价值引领的方向指引

课程思政改革要处理好课程思政与思政课程的关系，思政课程为课程思政价值引领提供导航。在深入挖掘非思政课程的思想政治教育资源、丰富思政课程内容的同时，要切实发挥思政课程对课程思政的价值导航作用，切实保证课程思政不偏离改革的初心，让课程思政的思政意蕴得以彰显。思政课的价值导航作用体现在以下几个方面。

一是政治方向引领。政治性是思政课的本质属性，是思政课程的初心和灵魂。以思政课程引领课程思政改革的政治方向，是二者之间实现逻辑互构的起点。课程思政不是把专业课、综合素质课都变成思政课，但它作为服务于"大思政"格局而生成的教育理念，必然遵循思想政治教育的规律，必然要与专业化、系统化的思政课程同向同行，必然要把正确的政治方向作为自身建设成效的重要标准，否则课程思政就会失去灵魂或迷失方向。思政课要从政治方向上引导课程思政，使各类课程都能把知识传授、能力培养与价值引领紧密结合。

二是价值观引领。培育和践行社会主义核心价值观是新时代思政课教学的价值遵循。在坚定正确政治方向的同时，为青少年成长提供正确的价值引领，是思政课的重要功能。思政课承载着思想价值引领的理论担当，能否明晰善与恶、美与丑、对与错、是与非，对于青年学生来说，尤为重要。与此同时，育人是课程思政的根本诉求，其改革的全部意义恰在于此。这一诉求集中体现在教师要通过挖掘各类课程中蕴含的思想政治教育元素，使其由隐性教育到显性教育，把思政课程的教学目标有机融入其他各类课程的知识体系中，使各类课程在知识传授过程中注重价值塑造，满足学生成长成才的需要。

三是方法论引领。马克思主义是科学的世界观和方法论，它给人们提供认识问题、分析问题和解决问题的正确立场、观点和方法。因此，马克思主义不仅是哲学社会科学各门学科的研究对象，而且也为包括自然科学在内的各门学科提供科学认识问题的立场、观点和方法，所以是科学研究的灵魂。无论是马克思主义唯物论要求人们遵循客观世界的发展规律，还是马克思主义辩证法要求人们全面辩证地分析研判问题，抑或历史唯物主义的人民立场，都是各类科学研究取得卓越成就的根本保证。思政课通过对马克思主义理论的系统教学，使学生认识和了解中国共产党带领中国人民在马克思主义指导

下取得的巨大成就,进而坚定"四个自信"。

二、思政课教师引领课程思政的优势

全面推进课程思政建设,教师是关键。换言之,开展对教师的思想政治教育是开展课程思政的必要环节。思政课教师是学校教师队伍中开展马克思主义理论教育、用习近平新时代中国特色社会主义思想铸魂育人的中坚力量,他们长期深耕于思想政治教育领域,具有扎实的马克思主义理论基础、丰富的思想政治工作经验等显著优势,厘清这些优势可以为引领课程思政建设做好智力储备,并能够为推进课程思政建设赋能助力。

1. 思政课教师具有扎实的马克思主义理论基础

第一,思政课教师熟悉党的理论体系,能为专业课教师提供马克思主义理论指导。课程思政的首要任务是推进习近平新时代中国特色社会主义思想进教材、进课堂、进头脑,教育引导学生学思践悟习近平全面依法治国新理念新思想新战略,将党的理论与专业教育自然融合。传授专业知识在育人的过程中固然重要,但教师还要引导学生理解党的指导思想、把握国家的大政方针、认清当前国际国内形势,这些都离不开对马克思主义理论的学习和对政策前沿的关注。思政课教师的这一优势能有效引导专业课教师理解党的最新理论,厚植家国情怀,引导广大专业课教师在讲清知识的同时指引学生树立为国家经济社会发展和广大人民群众服务的人生理想,自觉践行"把论文写在祖国的大地上,把科技成果应用在实现现代化的伟大事业中"。

第二,思政课教师具有广阔的理论视野,能与专业课教师产生跨界合作。"思政课虽然门数有限,但它们比较全面地再现了马克思主义的世界观、历史观、政治观、法治观、人生观、价值观等理论和知识,涵盖了经济、政治、文化、社会、生态文明等各个方面。"[①] 思政课教师要做到信仰坚定,还要做到学识渊博、理论功底深厚,这为思政课教师与专业课教课程教学提供了理论基础、做好了思想准备,有助于引导专业课教师将专业研究与党的理论体系相结合,让课堂教学既重智育也重德育,既重教学更重育人。

2. 思政课教师拥有丰富的思想政治工作经验

第一,思政课教师长于理论观照现实,能帮助专业课教师把准教育教学、

---

① 刘建军. 怎样才能上好高校思想政治理论课 [J]. 求是, 2019 (8): 62.

科学研究的政治方向。思政课教师是学习、研究、宣传马克思主义的主力军，其使命和职责要求自身必须关注国际国内经济社会发展的最新动态和现实问题。课程思政建设的重点内容之一便是引导学生了解世情国情党情民情，增强对党的创新理论的政治认同、思想认同、情感认同，坚定中国特色社会主义道路自信、理论自信、制度自信、文化自信。专业课老师习惯于深耕自身较为集中的专业与研究领域，难免因缺乏宏观感而对国家战略布局、国家政策走向敏感度不够。科学技术必须同社会发展相结合，学得再多，束之高阁，只是一种猎奇，只是一种雅兴，甚至当作奇技，那就不可能对现实社会产生作用。思政课教师可以向专业课教师解读党的报告、五年规划、政府文件等，与其开展深入的探讨与交流，促进知识层面与价值层面、技术层面与政策层面的对接，最终形成思政课教师与专业课教师之间的优势互补、协同共研。

第二，思政课教师擅长价值挖掘与传播，能帮助专业课教师唤醒沉睡的课程思政资源。新时代思政课教师的职业素养要求达到"六要"，思政课教学要做到"八个相统一"。思政课教师是一支极其注重从党的理论、党的伟大实践中挖掘并传播其内在育人价值的专业队伍。思政课教师的职业敏感度可以帮助专业课教师去发现那些丰富但一度沉睡的课程思政教育资源，并辅以马克思主义理论的立场、观点和方法，引导广大专业课教师用好这些资源，紧密结合学生需求，坚持实事求是的原则，唤醒和激活所有课程中的育人资源，促进所有课程共同育人、同向同行。

三、思政课教师引领课程思政建设的实践路径

习近平总书记在学校思想政治理论课教师座谈会上指出，要完善课程体系，解决好各类课程和思政课相互配合的问题。这为学校开展课程思政提供了根本遵循、指出了前进方向。思政课程与课程思政之间的同向性、互补性及互促性，为两者之间相互联结、共同推动课程思政建设提供了可能。为切实激发思政课教师在课程思政改革中的担当与作为，思政课教师应自觉担当、主动作为，通过与其他课程教师联合备课、合作共研等方式来引领课程思政建设。

1. 依托专业优势，突出价值引领，把牢课程思政建设的"方向盘"

课程思政中，"课程"是阵地，是载体；"思政"是核心，是方向。思政课程要依托专业优势，高举马克思主义旗帜，擦亮社会主义底色，在方向、

目标和思想三个引领上发挥作用。一是方向引领：发挥马克思主义理论学科对其他学科的方向引领作用，更好地坚持社会主义办学方向。二是目标引领：引领课程思政教学目标的设计，明确课程思政的根本目标是培养德智体美劳全面发展的社会主义建设者和接班人。三是思想引领：引领带动所有课程上出"思政味"、所有老师共挑"思政担"，所有学生淋到"思政雨"。

2. 依托学科优势，突出理论引领，激活课程思政改革的"强引擎"

当前，课程思政已成为学校为党育人、为国育才的重点项目，但在实际操作过程中仍存在思政课程与课程思政难以协同，课程思政内容空泛化、形式化，课程思政效果难以考核等问题。学校思政教研组要依托学科优势，成立课程思政研究中心，学科带动和理论研究双向发力，为课程思政改革提供源头活水。紧扣课程思政"着力点"，课程思政研究中心从思政教师派出"蹲点"、基层教学组织科学"布点"、任课教师正确"对点"、专家督导"评点"、主攻课程"要点"、学生激情"爆点"、彰显校本"热点"、针砭人性"痛点"和家校融合"点对点"九个方面发力，有效推动课程思政持续改进、螺旋上升。

3. 依托师资优势，突出育人引领，注入课程思政内涵的"营养剂"

习近平总书记强调，青少年正处于是人生的"拔节孕穗期"，最需要精心引导和栽培。思政课教师要在思政课程中履好职、站好岗，发挥引领作用。一是育人角色引领。思政课教师要引导广大教师明确自身角色定位，以"六要"为标准，加强师德师风建设。二是育人能力引领。课程思政不是简单的"课程+思政"，而是课程与思政的有机融合。思政课教师要带头示范，引领广大教师灵活运用"八个统一"，立足所授课程的性质地位、教学目标、教学内容，创新教学手段与方法，找准切入点，择优融入方式，达到思政之"盐"化于课程之"水"的效果。三是探索示范引领。引领广大教师从马克思主义及其中国化创新理论、党史国情、中华优秀传统文化等内容中挖掘思政资源，为专业教师开展课程思政提供参照和蓝本。

4. 依托平台优势，突出质量引领，开发课程思政创新的"新配方"

一是合作平台。学校思政教研组引领搭建教师交流对话平台，联合开展协同备课、教学沙龙、示范展示等活动，助力教师课程思政能力提升。二是竞赛平台。开展课程思政教学竞赛、课程思政优秀教案评比等活动，协同打造一支高素质课程思政教师队伍、开发一批有特色的课程思政示范课。三是实践平台。依托思政课实践教学基地，打造一批兼顾专业教学与课程思政育人的实践基地，完善实践育人机制。四是质量监控平台。积极参与制定课程思政质量标准与评价反馈机制，通过协同参与考评、严格质量把关、强化结果运用、优化改进对策，为推动课程思政创新发展出良方。

作为新时代的思政课教师，需要做到以下几点。

1. 积极参与专业课的集体备课活动

学校课程思政是在所有的课程中实现价值塑造、知识传授、能力培养的有机融合。课程思政建设是一项艰巨和浩大的新时代教育工程，需要科学设置课程、做好教案评价，具体而言，就是要科学设计教学目标、编写教案，制作课件等，将课程思政自然顺畅地贯穿于课堂授课、教学研讨、实验实训、作业布置各环节。面对新的改革要求，专业课教师需要不断调整和适应。因此，思政课教师应增强自觉与担当，主动参与到专业课的集体备课活动中，通过加强与课程教师的交流沟通，帮助他们解决思想困惑，指导他们快速掌握思想政治教育最基本、最核心的内容，尤其是关于政治理论素养的内容，坚定正确的政治方向，从而有效提升课程教师的思想政治教育理论素养，使课程教师与思政课教师同向同行。

2. 积极推动跨学科的教学科研合作

一方面，思政课教师可以发挥自身优势和特点，从党的最新理论动态、经济社会发展的最新动向等方面对专业课教师的科研选题给予引导。另一方面，专业课教师也可以从专业的角度为思政课教师答疑解惑，丰富和完善党的理论、政策和方针。

3. 主动就课程思政工作建言献策

思政课教师应主动建议引导管理部门搭建课程思政建设的合作平台，如建设"课程思政示范课堂"，增强思政课教师与专业课教师彼此间合作的默契度，使合作成果固化。从上海等地区的实践探索来看，开设跨专业、跨学校、跨部门的选修课是一种切实可行的合作模式。把理论融入故事，用故事讲清道理，以道理赢得认同，以悟道取代灌输，从而赢得学生广泛欢迎。通过多师同堂、全员参与、多元评价等方式，促进跨学科的交流，有利于思政课教师与专业课教师在课程教学的合作实践中达成共识，激发专业课教师从思想层面切实认识到推进课程思政的重要意义，增强主体自觉性、增强政治素养、提高育人本领。思政课教师还可以建议管理部门组织各类课程思政比赛、举办典型经验交流会。如组织全员参与的课程思政教学竞赛将有助于思政课教师与专业课教师同台竞技、切磋交流、观摩学习，有助于让参赛、观赛、评赛的教师在工作中感受到课程思政的魅力，感受到挖掘课程思政元素的意义。这类活动均将启发专业课教师在教学中挖掘思政元素，从重教转向育人，从知识传授转向价值引导。

4. 教学中，做到五个"引领"

一是理念引领，形成课程思政教学体系。以思政教研组为主导，组织不同层面思政课程与课程思政协同工作的专题研讨，引导学校各类主体，尤其是专业课教师充分领悟思政教育的关键作用，明确在办好思政课程的基础上，不断推动其他各类课程发挥育人功能，推动思政课程与课程思政同向同行，相互促进，通过形成课程思政教学体系，在全课程教学中实现立德树人。

二是师资引领，组建课程思政混编团队。基于试点改革阶段的初步成果，发挥思政课教师的理论优势、带头作用，汇聚各方力量，组建课程思政混编师资团队，建设课程思政的名师工作室，培养一批课程思政的教学骨干。一方面，做好课程思政队伍中思政教师的选聘，让思政教师加强与专业课教师的沟通交流。另一方面，思政教师要在提高专业教师的政治意识、政治素养、政治水平方面发挥作用，实现课程思政对专业、课程的内涵层面的全覆盖。

三是教法引领，实现课程思政元素融入。结合思政课教师"周末大讲堂"、月度研讨会、业务交流会等活动，大力推进课程思政教学团队的头脑风暴、集体研讨、集体备课，将最合适的思政元素以最恰当的方式融入课程内容。严明课堂纪律，活跃课堂气氛，开展双导师授课，通过项目化教学、情境式教学、沉浸式教学等多种教学方法，在多样化的课堂教学之中，发挥思政教师的引领作用、专业教师的主导作用、学生本人的主体作用，以润物无声的方式实现课程思政教学目标。

四是成果引领，形成课程思政范例文本。充分发挥课程思政教学团队的集体智慧，系统总结课程思政集中备课和课堂教学中的实践成果。组织力量整理课程思政教学案例、编写课程思政实践读本，把专业知识与思政理论有机结合的典型案例转化为立体化教材、网络化资源，推动各门课程更加有温度、有触感、有质量。

五是质量引领，构建课程思政长效机制。持续健全课堂教学管理体系，推进信息技术在课程思政中的应用,综合运用第一课堂和第二课堂,努力拓宽课程思政建设途径。以思政教研组为主体,协同质量评价部门,形成符合思政教学规律的考核机制、评价机制;协同教学管理部门,提炼出可复制、可推广的思政课程引领课程思政的工作模式,形成长效机制,并予以宣传推广。

走进课程思政：思政课程引领课程思政

第三章

▶▶ 上好新时代的"大思政课"

2021年3月6日，习近平总书记在看望参加全国政协十三届四次会议的医药卫生界、教育界委员时指出："思政课不仅应该在课堂上讲，也应该在社会生活中来讲。""'大思政课'我们要善用之，一定要跟现实结合起来。上思政课不能拿着文件宣读，没有生命、干巴巴的。"① 习近平总书记关于"大思政课"的重要论述，既为落实立德树人根本任务、理直气壮办好思政课提供了遵循，也为深化新时代思政课改革创新指明了方向。这就要求我们思政教师不仅要上好学校课堂"小思政课"，还要与现实结合起来上好"大思政课"。

第一节 "大思政课"理念的历史演进及其特征

"大思政课"是习近平总书记围绕新时代思政课改革创新提出的重要命题。从我国思政课建设的大历史观来看，"大思政课"理念的发展历程不仅与思想政治理论课的发展脉络密切相关，更与百年来中国共产党调动和利用社会生活中一切积极因素开展革命与建设的历史密切相关。"大思政课"理念经由新民主主义革命时期、社会主义革命和建设时期、改革开放和社会主义现代化建设新时期、中国特色社会主义新时代四个历史时期而不断形成、发展和深化。

---

① 人民网-人民日报. "'大思政课'我们要善用之"（微镜头·习近平总书记两会"下团组"·两会现场观察）[EB/OL]. (2023-03-07). https://jhsjk.people.cn/article/32044587.

一、"大思政课"理念的历史演进

根据习近平总书记相关重要论述,落实"大思政课"理念的关键在于将思政课与社会现实充分结合,同时提升吸收和利用社会资源开展教育的能力,其目标在于教育引导学生把人生抱负落实到脚踏实地的实际行动中来。这种理念在不同历史时期表征为不同的实践措施,由此显现出不同历史时期"大思政课"理念的特征。

1. 新民主主义革命时期

"大思政课"理念的萌芽期。习近平总书记指出,我们党历来高度重视思政课建设。在革命、建设、改革各个历史时期,我们党对思政课建设都作出过重要部署。自1921年中国共产党成立以来,就已经出现具备思政课特征的课程形态。这些课程不仅成为当代思政课的"前身",其中所蕴含的"大思政课"理念更为新时代建设"大思政课"提供鲜明的理论指导。第一,思政课的影响力尽可能辐射到除党员干部外的其他社会成员。这一时期,除党内人员外,还将思政课的辐射范围扩大至农民、工人等。同时,以各种生动的范例作为活的教材去教育广大群众。第二,通过组织和领导社会运动传播先进思想。早在中国共产党成立之前,先进知识分子就已经在工人运动中起到组织和领导作用。同时,中国共产党在运动中教育和组织群众,创办工人刊物、成立工会、重视工人教育,促使马克思主义在中国不断传播。第三,灵活运用报纸杂志等刊物宣传思想政治信息。这些刊物不仅报道国内外形势发展,还宣传马列主义和党的方针政策,帮助人民群众及时认清革命形势,把握先进思想,成为中国共产党运用社会资源开展思想政治教育的重要载体。第四,初步提出了思政课与生产劳动相结合的教育方案。如1939年的陕甘宁边区将"加强学生生产劳动"列入思想政治教育的计划中,并在各科的教学过程中渗透生产劳动的相关知识,助推学生劳动观念的形成。

2. 社会主义革命和建设时期

"大思政课"理念的探索期。第一,初步提出具有"大思政课"特征的制度措施。具体包括四个方面。(1)提出各部门齐抓共管的思政课管理思想,初步展现教管层面的"大思政课"理念之"大"格局意蕴。(2)提出要培养"又红又专"的社会主义建设者和接班人的思政课教学目标,体现了党和国家始终关注将专业教育和思政课教育相结合的教育思想,由此形成"大思政课"

理念之"大"育人观。(3) 开始探索课程一体化的思政课课程建设方案。如1957年毛泽东同志指出"教育部应当编写一些课文，专门论述艰苦奋斗的，从小学到大学都要讲"①，初步显露出"大思政课"理念的"大"课程框架。(4) 指出要以学生日常生活中的思想和行为开展思政课教学评价。1956年8月印发的《关于高等学校政治理论课考试评分问题的意见》，指出要贯彻理论联系实际的原则，以正确评定学生成绩，由此显现出"大思政课"理念的"大"评价体系。第二，吸取老解放区和苏联经验，组织开展劳动教育，促使课堂教育和劳动教育相结合。第三，通过发动群众组织一系列思想改造运动，影响教育对象思想和行为的生成。这些思想改造运动如"三反""五反"等，使教育对象的思想观念在一系列社会运动中潜移默化地受到影响。第四，积极开展以文艺活动为载体的宣传教育。中华人民共和国成立以后，中国共产党利用戏曲、歌剧、文学作品等，将文艺活动与革命、建设等整合起来，充分发挥了文艺武器的作用。

3. 改革开放和社会主义现代化建设新时期

"大思政课"理念的发展期。第一，进一步提出具有"大思政课"特征的制度措施。这一时期，对之前隐形、模糊、感性的"大思政课"理念描画逐渐清晰，一些具有"大思政课"理念特征的语词，如"全员育人""三育人"等不断形成。第二，愈加重视教育内容和教育方法要适应教育对象的需要。在此之前，虽同样重视教育对象的主体性和能动性，但其重点通常落在教育者发动群众、动员群众和组织群众方面。在此时期，思政课更加关注教育对象个体需要，开始推动教育目标"社会本位"向"以人为本"的转变。第三，不断探索多样化的实践教学方法。此时期的实践教学逐步列入思政课的教学计划，并安排学时。第四，持续深化社会性学习教育的作用。党和国家通过电视、报刊等现代媒介技术实施社会性教育，并围绕社会主义精神文明建设，开展了一场社会性的"五讲四美三热爱"教育活动。

4. 中国特色社会主义新时代

"大思政课"理念的深化期。第一，具有"大思政课"特征的制度措施持续丰富拓展。2015年印发的《关于进一步加强和改进新形势下高校宣传思想工作的意见》，在原有"三育人"的基础上，新增"实践育人"和"科研

---

① 人民教育出版社. 毛泽东论教育（第三版）[M]. 北京：人民教育出版社，2008：282.

育人"。① 2016年，习近平总书记提出"三全育人"的教育要求。2017年印发的《高校思想政治工作质量提升工程实施纲要》，将高校育人体系的内容扩展为"十育人"。自2020年以来，习近平总书记在多个场合多次谈到"国之大者"，并对教育对象提出了要"立大志、明大德、成大才、担大任"的希望，深刻描画了"大思政课"之"大"的内涵。2021年3月6日，习近平总书记明确提出"'大思政课'我们要善用之"的重要命题，"大思政课"理念日趋完善与成熟。第二，更加注重思政课教学与社会实践相结合。自中共十八大以来，党和国家颁布了诸多有关推动思政课改革创新的文件，这些政策举措意味着思政课实践教学不再过于形式化，而是更加贴近学生现实生活。第三，灵活利用网络等现代媒体技术加强思想文化阵地的建设。通过创设如"学习强国"等APP或是通过发布微博、微视频等方式宣传主流意识形态。这不仅丰富了落实"大思政课"理念的实践举措，更增强了主流意识形态的吸引力、凝聚力和针对性。第四，教育方式和教育内容更加贴近教育对象的现实生活。例如，高校通过对接博物馆、文化宫等，组织学生现场学习考察或利用虚拟现实（Virtual Reality，缩写为VR）技术等，开展丰富多彩又切合实际的思政课教学工作，推进思政课和社会资源相融合。第五，"大思政课"理念的影响范围在空间上不断延展。在此历史阶段，"大思政课"理念的影响范围不再局限于国家范围内，而是向世界范围不断辐射。例如，在面对新型冠状病毒感染疫情所带来的"世纪大考"中，中国举全国之力，集优质资源，为战胜疫情形成了强大合力，不仅向全世界完美交出了疫情大考的"中国答卷"，更使世界人民见证了中国人民坚韧奉献、守望相助的民族精神，彰显出中国特色社会主义的强大优越性。

二、"大思政课"理念的演进特征

在不同历史时期，"大思政课"理念经历了从自发到自觉、从感性到理性的深化发展过程。通过对"大思政课"理念的历程梳理，可发现在革命和建设初期，虽未明确提出"大思政课"概念，但已处处体现出构建系统的"大思政课"理念的实践自觉。这虽不以明确的"大思政课"概念为参照，但处处体现出提出和落实"大思政课"理念的主动性和创造性，相关的政策、文

---

① 中办国办印发《关于进一步加强和改进新形势下高校宣传思想工作的意见》[N]. 中国教育报，2015-01-20（01）.

件、讲话也通过拓展教育空间、促进教学队伍建设、汲取教育资源、扩大教育影响力，以及采用与时俱进的教育载体、教学方法、教育内容、政策措施等不断形塑着"大思政课"的理念。这些实践虽然表征为对"大思政课"理念应然性的直观感性判断，但这种直观认识也在历史演进的"实践流"中不仅奠定了"大思政课"理念生成的思想自觉，更使"大思政课"理念在回应时代发展的现实问题中不断深化发展。

"大思政课"理念的影响范围从局部地区到全国范围，乃至向世界不断延展。考察和发掘"大思政课"理念的演进历程，可以发现"大思政课"理念的影响范围从根据地、解放区的局部地区，到全国范围的延伸，再到世界范围的不断拓展。具体而言，"大思政课"理念在时代发展的进程中，与中国的革命、建设、改革和复兴的中国特色社会主义现代化实践紧密结合，完成了从局部地区的尝试，到全国铺开，再到当下倡导构建人类命运共同体，实现在世界范围内价值观的传播和拓展。正是早期和局部范围内的持续探索取得的宝贵经验，推进"大思政课"理念与中国生动实践相结合，为进一步在全国范围乃至世界层面开拓"大思政课"的影响力打下扎实基础。

"大思政课"理念按照"政治功能—经济功能—文化功能—价值观塑造功能"不断延伸、拓展和丰富。在革命、建设、改革、复兴的实践过程中，"大思政课"理念发挥着政治、经济和文化等多维功能，在不同的历史时期，又表现出某个方面功能的凸显和强化，体现出"大思政课"理念鲜明的时代特色和实践特征。新民主主义革命时期，"大思政课"理念在社会资源、教育对象、影响范围等方面突出了其政治功能和军事功能。社会主义建设时期，"大思政课"理念在社会资源的利用、教育内容和方式的选择、教育目标的实现等方面都显露出鲜明的为政治服务的功能。到了改革开放新时期，"大思政课"理念更加凸显了经济功能，这与党和国家工作重心调整是契合的。在中国特色社会主义新时代，"大思政课"理念的文化传播功能和价值观塑造功能得到了重视和发展，"大思政课"不仅更具针对性，从教育对象思想深处和细微处发力，还向更宏大的社会空间着力，其影响范围不断向外衍射，由此扩展了新时代"大思政课"理念构建的思路。

"大思政课"理念呈现出与时代主题紧密相连的时代特质。新民主主义革命时期，落实"大思政课"理念主要以宣传和鼓动群众为主，不断开展以传播马克思主义理论为中心的、具有广泛社会教育意义的思想运动。社会主义革命和建设时期，不仅初步提出了具有"大思政课"特征的教育理念，更通过使用愈加灵活多样的教育载体开展教育,其目的在于调动一切积极因素建设社会主义。在改革开放新时期,更加深入探索有关"大思政课"的理论和实践,使党和国家对这一问题的认识超出了自觉朴素的感性阶段,获得了一个比较稳定而系统的认识。进入21世纪以来,互联网技术和人工智能不仅深刻改变了人们的思维方式和生活方式,更给"大思政课"理念的落实提供了前所未有的发展机遇。这不仅推进了新时代背景下加强和改进思想政治工作的新要求,推动"大思政课"理念的彻底形成,更在适应互联网发展的情境下,使"大思政课"理念在发展和落实中的话语体系、教育资源、教育方式、引领平台等发生了令人耳目一新的变化。

第二节 从思政课程到课程思政到"大思政课"

一、"大思政课"的内涵要义

"大思政课"是学校思想政治教育的新理念、新方法、新格局,坚持马克思主义的整体观,以全员、全过程、全方位为方法论指引,贯通式思考、系统性组织思想政治教育工作,通过工作力量的大调动、资源要素的大调配、体系结构的大调整,促进思想政治教育要素有效整合、体系机制优化完善,实现育人质量和效果的有效提升。

教育主体多元协同。由单一走向多元是现代思想政治教育主体发展的重要特征,也是新时代学生思想政治教育工作科学有效的重要保证。在"大思政课"的视域下,学生的教育培养是全社会共同的事业,政府、家庭、学校、社会方方面面都应该积极参与。立德树人、铸魂育人是学校所有教职员工的共同愿景和使命,每位教师、每个课程、教学管理服务的每个部门都要担负起这个光荣职责。"大思政课"强调立德树人的首位重要性,从生成思想政治教育工作强大合力出发,激发校内外各类组织和个体的育人志趣,引导其在促进学生形成国家社会要求的良好品德和素养方面明确自身职责使命,形成齐抓共管、人人参与的良好局面。

构建新时代"大思政课"格局,必须科学把握"大思政课"的本质。

把握"大思政课"的学科内涵,是构建"大思政课"的首要问题。构建

"大思政课"不是另立一门新课程,而是立足当今国际国内时代背景,面向培养担当民族复兴大任的时代新人的新使命,在继续发挥现有的课堂思政课优势基础上的守正创新。"大思政课"是相对于课堂思政课而言的,是对课堂思政课内涵的丰富和发展。所谓"大思政课",应该是基于人的思想政治素养形成与发展规律,以学生学习生活和成长发展为时空维度,集合课内课外、校内校外、线上线下全时空领域鲜活思政教育素材,构建起纵向贯穿大中小学全学段、横向贯通学校与社会全时空的思政课。它是新时代学校思政课改革创新的必然趋势,也是全面贯彻党的教育方针和社会主义办学方向的根本体现,更是新时代青少年健康成长和全面发展的根本要求。"大思政课"首先是思政课,具有思政课的本质属性和功能,是在课堂思政课基础上的进一步守正创新,它不是别的什么课,更不是脱离课堂思政课而另行开设的独立的思政课。相对于课堂思政课而言,"大思政课"在教学理念上,将进一步改变课堂思政课局限于课堂教学的教学观,转向思政课知、情、意、行等多要素协同融合的大教学观。在教学理念上,"大思政课"更能符合和彰显人的思想政治素质形成与发展规律。在教学资源上,"大思政课"将进一步改变课堂思政课教学资源局限于教材、书本和文件等情况,转向更能聚集、整合和优化课内课外、校内校外、线上线下全时空领域鲜活的教学资源,更加贴近教育对象思想品德发展所需。在教学与育人质量上,"大思政课"将进一步突破课堂思政课理论讲授单一的局限,转向运用理论讲授、情境体验、实践锻炼等多种教学方法,深度激活教师教的主体性和学生自主学习的主体性,进一步增强教学的鲜活性、吸引力、感染力,提高思政课育人的针对性和实效性。

二、科学把握"大思政课"的含义

科学把握"大思政课"的外延,是把握"大思政课"本质的基本要求。"大思政课"作为思政课,不因其"大"而模糊外延和边界。构建和实施"大思政课",切记不因其"大"而"泛",因为"大思政课"不是包罗万象的,不应把所有的育人活动和实践活动都归结在"大思政课"范畴。"大思政课"之所以"大",在于"大思政课"相对于课堂思政课而言,其边界与外延的延伸、拓展与丰富。在教学时空上,"大思政课"突破了课堂思政课空间的局限,转向构建以学生学习生活和成长发展为时空维度,从课内向课外延伸,从校内向校外延伸,从线下现实社会向线上虚拟社会延伸,从学段思政课向全学段思政课延伸,构建起纵向贯穿大中小学全学段、横向贯通学校与社会全时空的思政课。具体体现在以下方面：一是在学段思政课教学中，构建起从思政课程向课程思政的延伸与拓展，实现思政课程与课程思政协同育人；二是在思政课空间上，从课堂思政课向课外思政课和社会思政课拓展，从线下思政课向线上思政课延伸，实现思政教育从学校延伸到社会，从线下延伸到线上；三是从学段思政课向全学段思政课延伸，实现思政课大中小学一体化，贯穿青少年成长和发展全过程。特别值得注意的是，"大思政课"实施的主体依然是学校的思政课教师，教学对象依然是在校青少年学生，教学内容依然是以大中小学思政课教材为主，集合课内课外、校内校外、线上线下的思政教育资源，丰富和充实思政课教材内容，不断增强思政课鲜活度、吸引力和亲和力。在实施"大思政课"过程中，不能将"大思政课"作为一个筐，什么都往里装，切忌将"大思政课"泛化和虚化的现象。

"大思政课"除了具备课堂思政课的一般特性，还具有自身的特性。"大思政课"彰显出学校小课堂与社会大课堂双向互动的特性。一方面，"大思政课"遵循不同学段学生的认知规律，通过学校小课堂理论教育把基本理论和原理讲清楚、讲透彻，增强学生的理论认知；另一方面，通过社会大课堂实践教学，深化学生对社会实践中面临的重大现实问题的理性思考，进而深化、增强和巩固对思政课讲授的基本理论的认识、认同。"大思政课"显示出课程统一性与资源多样性结合的特性。一方面，"大思政课"通过教学目标、课程设置、教材使用、教学内容、教学管理、教学标准和教学评价等方面的统一性，确保不偏离思政课的本位；另一方面，不断增强"大思政课"教学内容、教学方式、教学载体、教学途径等方面的多样性，既确保"大思政课"的规范性、科学性、权威性，又能结合社会现实和学生的实际，运用更多丰富鲜活的思政教育素材讲"活"思政课，克服简单照本宣科的现象，增强教学亲和力、感染力。"大思政课"呈现出教师主导性与学生主体性协同的特性。在"大思政课"教学中，一方面，教师要发挥好思政课教学的主导性，落实好思政课教学目标和教学任务，确保"大思政课"不偏离立德树人根本任务；另一方面，要始终坚持以学生为中心，按照学生的认知规律与接受特点进行教学设计、教学模式和教学方法的选择，让学生在教师主导下参与"大思政课"教与学全过程，发挥学生主体性作用。"大思政课"蕴含着显性教育与隐性教育融合的特性。一方面，显性教育只能加强不能削弱，要理直气壮办好思政课；另一方面，也要充分挖掘其他课程和社会生活中蕴含的思政教育资源，结合社会生活讲好思政课，开展好隐性教育，更好完成立德树人根本任务。

"大思政课"除了具有课堂思政课一般的教学矛盾与规律，还有其特殊矛盾与规律。要科学理解"大思政课"教学的基本矛盾。从思政课教学纵向时空看，"大思政课"的基本矛盾体现在大中小学思政课各学段之间教学时空堵塞的矛盾；从思政课教学横向时空来看，体现在学校小课堂与社会大课堂之间教学时空壁垒的矛盾。要科学运用"大思政课"教学规律。"大思政课"的教学规律是由自身基本矛盾决定的，从"大思政课"纵横多维立体教学时空场域来看，"大思政课"教学的规律就是人的思想政治素质培育与引导的规律。人的思想政治素质的培育与引导，贯穿于"大思政课"全时空全过程，在"大思政课"教学中发挥支配、主导、制约作用，是"大思政课"教学的基本遵循。人在哪里，人的思想政治素质培育和引导就在哪里。当代青少年学生是在多维立体虚实融合的时空场域中成长的，学生在学校，思政课就在学校，学生在社会，思政课就在社会，学生在网络上，思政课就要在网络上，这是构建"大思政课"教学格局的客观要求。"大思政课"正是从多维度、多角度、多方面对青少年学生的思想政治素质形成和发展进行培育与引导的。

三、"大思政课"的特点

区别于传统意义的思政课，"大思政课"是一个系统连续的整体，核心在于"大"，具有以下几个特点。

第一，视野开阔性。"大思政课"之所以大，最主要表现之一就在于其广泛开阔的视野，具体包括历史视野、实践视野、国际视野。"大思政课"注重古今映照，既理直气壮地讲好历史的故事，也底气十足地讲好今天的故事；注重理论与实践相结合，既重视课堂理论学习，又注重与社会实践有机贯通；注重国内与国际相结合，将思政课放在"世界百年未有之大变局"中去讲，引导学生客观认识中国、认识世界。

第二，时空延展性。"大思政课"要求实现时空上的新突破、新发展、新延伸。在时间上，"大思政课"不仅存在于成长的某一特定阶段，而且连续贯穿于个人成长发展的各个阶段，是层层递进、螺旋上升的全过程教育；在空间上，"大思政课"不仅呈现为课堂教育教学，更延展到学校、家庭、社会、网络等各场域中，通过整合应用各类思想政治教育的资源素材，实现空间层面的全覆盖。

第三，内容针对性。"大思政课"不拘泥于教材文本，紧密结合当下时事热点、现实难题，进行有针对性的解答回应，做到答学生之疑、解时代之惑。

同时，"大思政课"并不意味着思想政治教育内容的"泛化"，其牢牢聚焦于学生思想品德、价值观念的培养，始终坚持马克思主义的指导地位，突出正确的政治导向。

第四，方法开放性。"大思政课"广泛地运用多种方式方法，实现思想政治教育资源要素的系统整合与协同应用。尤其是随着新一轮科技革命和产业变革的不断推进，新兴技术的突破发展推动了思想政治教育方式方法的变革。正是在这种背景下，"大思政课"正实现着线上与线下、课堂教学与社会实践、纸质教材与电子资源等的融合发展，努力实现思政教育方法媒介的互补融通。

四、"大思政课"与课程思政的关系

课程思政要拓展到所有课程。课程是学校育人的主要载体。2016年12月，习近平总书记在全国学校思想政治工作会议上强调："其他各门课都要守好一段渠、种好责任田，使各类课程与思想政治理论课同向同行，形成协同效应。""传道者自己首先要明道、信道。高校教师要坚持教育者先受教育，努力成为先进思想文化的传播者、党执政的坚定支持者，更好担起学生健康成长指导者和引路人的责任。"习近平总书记的这一重要论述对新时代学校思想政治工作具有重要的指导意义。教育部随后印发《学校思想政治工作质量提升工程实施纲要》，在全国学校部署推广课程思政。基于高等教育教学的综合性、人才培养的全面性和课程构成的多样性，学校为学生开设的课程应当是广义的课程，即学校为实现培养目标而选择的教育内容及其进程的总和，包括学校教师所教授的各门学科的课程和有目的、有计划的教育活动。认知经历的多样性有助于激发创造思维。当前，学校要培养创新型人才，必须改变传统的在课堂中灌输知识的理念，将各种实践融入教育教学全过程，丰富学生的认知经历，提高学生的学习效率，促进学生的创新思维。因此，学校课程既包括第一课堂的理论课，也包括第二课堂的实验课与实践课（公益活动、社团活动、各类竞赛等），还包括一切有目的的教育教学活动（军训、开学典礼、毕业典礼、爱国主义教育、社区社会实践、专家报告、校园文化建设等）。学校要从思想理论课程、学科专业课程进一步拓展到教育活动课程、社会实践课程、校园文化教育课程等。所有课程都要以"立德树人"为导向，在各类教学中将知识传授与价值引领有机地统一起来。学校要挖掘课程中蕴含的爱国情怀、社会责任、伦理规范、文化自信、人文精神、科学方法、辩证思维等思想政治教育资源，形成各类课程与思政课程同向同行、多方协同的全员、全过程、全方位的育人格局，促使学生在认知、情感和行为方面树立正确的方向，进一步拓宽课程思政渠道，使专业教育、实践课程等与思政结合起来，发挥协同育人作用。

"大思政课"与课程思政的相同点是以立德树人为任务目标、以青少年学生为教育对象、以思政教育为重要因素，注重教育方法的多样性、教育形态的多样性和渗透性。但两者也有不同，主要表现在五个方面：一是"大思政课"的内涵大于课程思政；二是"大思政课"的内容涵盖更丰富；三是"大思政课"的队伍规模更大；四是"大思政课"的教育方法更灵活；五是"大思政课"的展示渠道更多样化。

第三节 落实"大思政课"理念的现实着力点

一、把握"大思政课"理念的着力点

通过刻画"大思政课"理念的历史面相，可以发现其演进与中国的革命、建设、改革和复兴的主题相契合，其政策制定、资源汲取、方法选取、载体选择等也随着时代的发展而不断深化，显现出鲜明的时代特征。但是，对"大思政课"理念的考察不能停留于历史，更要从"大历史观"的视野中把握新时代"大思政课"理念落实的着力点，以进一步推动新时代"大思政课"的现实发展。

落实"大思政课"理念的战略性是立足点。通过对百年来"大思政课"理念发展历程的系统梳理，不难发现，自中国共产党成立以来，就始终高度重视利用社会资源、调动一切积极因素对开展革命和建设的重要作用。在新民主主义革命时期，在抵御和应对当时社会敌对意识形态的打压之下，仍然使革命的星星之火燎原的历史盛况，其中一个重要原因就在于党始终高度重视并善用社会资源对人民群众实施思想宣传教育。中华人民共和国成立之后，党继承和发扬老解放区的优良传统，进一步积极探索改进和完善相关领导方式，也多次强调善用社会资源、调动积极因素，改善教育群众的方法、内容、形式等。在改革开放新时期，伴随着社会主义精神文明的建设浪潮，党和国

家领导人在如何运用社会资源对人民群众实施教育等方面都发表过重要讲话。进入新时代，习近平总书记也在多个场合强调要凝聚育人合力、建设大育人格局，明确要建设和善用"大思政课"。

落实"大思政课"理念的时代性是关键点。随着时代的发展，"大思政课"理念不断与中国革命、建设、改革和复兴的主题相契合，其方法、制度、内容等也随着时代的发展而不断深化。在革命与建设初期，如果不采取以争取群众和发动群众为主题的思政教育，马克思主义就不可能在半殖民地半封建的中国大地上迅速普及，形成中国革命的强大合力。新时代，需要在坚守"大思政课"所承载的价值观念和理想的同时，继续拓展教育手段，深化教育制度，丰富教育内容，探索更柔性的、更隐性的、更贴近教育对象现实生活的、更能满足教育对象需要的"大思政课"教育方式。如发掘社区的作用、创设公共服务机构等，这些方法和技术有一个重要特点，就是在社会中以隐性渗透的方式引导受众，使其在不知不觉中与教育者在思想观念方面达成共识。

落实"大思政课"理念的价值性是切入点。"大思政课"理念的发展和深化应立足于影响教育对象形成符合社会所要求的价值观，这就不可避免地使"大思政课"理念在落实中需要坚持价值性。"大思政课"理念是针对目前思政课存在的问题而提出的，因而要解决当下思政课中存在的如价值观念的知识化等问题。价值观念的知识化会导致思政课教育的核心问题从价值观转变为知识，这会导致价值观内容的文本化、价值观评价的计量化等，其后果即价值观和人的分离。因此，"大思政课"理念的价值性不仅是教育内容要有价值性，更表征价值观评价、价值观践行应当是社会价值和个人价值的统一。质言之，落实"大思政课"理念的应有之义在于处理好社会价值观念的个体性与公共性之间的关系，在追求个体良善的同时肩负起对社会的责任。这就要求"大思政课"理念在其现实发展中，将价值性贯穿于教育过程、教育评价、教育内容等诸多方面。

落实"大思政课"理念的主体性是突破点。一方面，以人民为中心宛若一根红线，不仅贯穿于中国共产党带领人民大众反帝反封建的伟大历史中，更在中国共产党善用一切社会资源对人民群众开展思政工作的历史进程中展现出来，成为新时代落实"大思政课"理念的突破点和灵魂。另一方面，"大思政课"理念主体性的要求是人文关怀。按照马克思的理解，人文关怀是对"现实的人"生存状况的关注、对人的尊严与符合人性的生活条件的肯定，以及对人类的解放与自由的追求。当下，人民美好生活需要日益广泛，不仅在于物质的"得到""满足"，更在乎精神层面的"幸福""尊严"。就"大思政课"理念的主体性而言，其重点就是要从教育对象日常生产生活的时空脉络入手，探寻能够满足教育对象需要的突破口，即在关注其切身需要的同时帮助他们完善个体性，在利用社会资源塑造他们的思想性、政治性和道德性的基础上完善其社会性，在丰富和提升其人生境界的基础上推动中国特色社会主义事业的发展。基于此，应当在建设社会主义现代化的进程中实现人的现代化，努力探索先进有效的人文关怀的路径和方法，以便在切实提升教育对象获得感的基础上推动"大思政课"理念的落实和发展。

落实"大思政课"理念的实践性是落脚点。一方面，"大思政课"理念的实践性应当以实践研究为落脚点，探索在新时代中具有方法论性质的、能够解决"大思政课"理念落实问题的理论。另一方面，实践证明，思政课效果的产生并非仅来自一定教育或课程的影响，更在于教育对象通过不断参与社会实践和交往活动，在教育和自我教育的相互促动下实现。因而，要提升思政课效果就不能仅局限于思政课教学的研究，更应当落脚于使教育对象不断"往返"于思政课教育教学的场域和社会空间，将在思政课堂中的所听、所见、所思、所想及时应用于"社会大课堂"，由此通过不断接触社会实际、参与社会实践，凝练既具个体性又有社会性的"实践感"。这种实践感能引领教育对象在现实生活中遇到价值困惑和价值选择时，"下意识"地做出符合社会所要求的思想和行动，以促进教育对象在"思政小课堂"和"社会大课堂"的统一下实现知行合一。

综上所述，"大思政课"并非一个全新的理念，而是贯穿于百年来中国共产党调动和利用社会生活中一切积极因素开展革命和建设的历史中，并始终围绕着吸收、利用和转化社会资源以动员、教育和团结广大人民群众参与到革命和建设的这条主线而不断演进发展的历史论题。梳理"大思政课"理念的历史理路，把握其中内在的本质和演进特点，能够助推学界更精确地把握"大思政课"理念"从哪里来"，以及"如何演进""发展的特点是什么"等问题，从而为回答"向何处去"的现实问题奠定扎实的历史基础。

二、贯彻落实《全面推进"大思政课"建设的工作方案》

为深入贯彻落实习近平总书记关于"大思政课"的重要指示批示和在中国人民大学考察时的重要讲话精神，教育部等十部门印发《全面推进"大思政课"建设的工作方案》。学校应紧紧围绕学生主体，从课堂、校园、家庭、社会等四大维度着手，深入挖掘思政课实践教学形式的时代性、创新性，使思政课实践教学驶入行稳致远的"快车道"。

1. 立足课堂实践教学，把课堂教学作为思政课实践教学的主要阵地

第一课堂是思政课实践教学的主要战场，承担着思政课实践教学的重要任务。把握好课堂实践教学，是推动思政课实践教学落地落实的重要基石。一是明确课堂实践教学目标。立德树人是思政课实践教学的重要目标。传统思政课实践教学属于封闭式教学模式，其特点是"教师是主体、教材是基础、课堂是载体"；"大思政课"背景下的思政课实践教学属于开放式实践教学模式，其特点是"学生是主体、实践是基础、课堂是载体"，努力打造更具灵活性、开放性、创新性的思政实践教学课堂。课堂实践教学通过一系列实践教学内容，培养学生的积极性和主动性，提高思想道德素质，厚植民族精神和爱国情怀。二是丰富课堂实践教学内容。习近平总书记曾指出，要着力打造融通中外的新概念、新范畴、新表达，讲好中国故事，传播好中国声音。因此，思政课堂实践教学要以"故事思政"作为基点，通过学生自主讨论、课堂辩论、案例分析、学生课堂讲课（模拟教学）等实践教学方式，让学生将课堂知识与生活实际、经验相联系，让课堂知识教学得到延伸和发展，使学生在实践课堂中丰富知识，增长才干。三是完善课堂实践教学考评。有效的课堂实践考评方式是落实实践教学内容的重要保障。在课堂评定过程中要明确考核对象、考核方式、考核标准等要素，制定教学效果测量表和考核评定表，对教育教学的各个环节进行评价、督查，并依据相应的激励奖惩机制进行奖赏惩处，不断提高课堂教学效果和人才培养质量，实现思政课堂实践教学的高质量发展。

2. 把握校园实践教学，把校园活动作为思政课实践教学第二课堂

校园活动是教育教学的第二课堂，也是思政课实践教学的重要抓手。学校要同时把握两大抓手，使思政课实践教学与校园文化建设犹如鸟之两翼、车之两轮，缺一不可。一是树立校园实践教学理念。校园实践教学作为第二课堂，是更具灵活性、丰富性、实践性的教学形式，在传统课堂之外发挥着重要作用。在新时代思政课程建设中，学校要建立有效的机制体制，在"协同育人"的育人理念下实现第一课堂与第二课堂的共建共享，在常态化教学中发挥育人优势，凝聚育人合力，在思政课实践教学中利用资源整合的优势，切实提高第二课堂的教学质量。因此，我们必须深刻认识到校园实践教学的教育意义，摒弃只注重传统课堂的教育观念，充分发挥第二课堂的教学作用。二是丰富校园实践教学内容。各学校紧扣思政课实践教学目标和要求，构建思政课"大实践"模式。校园实践可以依托学生社团、学生协会等，开展歌唱比赛、宣讲比赛、主题征文比赛、微电影比赛、读书笔记评比、课本剧表演等活动。学校将思政课教学蕴含在一系列校园实践活动中，以各式各样的活动为重要载体，让学生在综合活动中提升综合素质、培养健全人格。三是建设校园实践教学基地。在"大思政课"背景下，校园思政课实践教学基地建设呈现不断发展的趋势，为思政课实践教学改革和提升课程质量提供了全新思路。学校应当充分调动思政资源，打造集综合体验式教学、互动式教学、议题式教学、项目式教学、专题式教学等于一身的教学基地。营造"沉浸式"教学环境，让学生在实地参观的过程中提高人文素养，传承红色基因，发扬爱国、爱党、爱民族的精神，切实提升自身理想道德素质。

3. 回归家庭实践教学，把家庭教育作为思政课实践教学坚实保障

家庭思想政治教育是思政教育的重要内容，也是思政课实践教学的坚实保障。习近平总书记强调，家庭是人生的第一个课堂，父母是孩子的第一任老师。如何在"大思政课"背景下拓展家庭教育的价值性，如何发挥好家庭实践教学的基石作用，是当下思政课实践教学面临的重要课题。一是建立优质线上平台。实现家庭教育与学校思政课实践教学的联动，需要利用好网络这一重要载体。家长可通过网络平台与教师联系，咨询教育问题，防止走进家庭教育误区。教师可在平台上直播授课、录制微课，为家长提供更多的教育资源。网络平台的建立，能拓宽思政工作新途径，实现家庭与学校教育的联袂，彰显出"家庭思政课"的教育魅力。二是确立家庭教育辅导员。各校家庭教育辅导员通过开展家访、育人讲堂、亲子关系课堂等"网格化"服务，既向家长传授家庭教育理念和方法，又吸引思政教师加入其工作行列，促使家校教育形成一体化共同体，激发思政实践教育的活力。三是拓展家庭教育外延。家庭教育在空间上不应仅仅局限在家庭里，还可以进一步延伸至社区。如成立首个社区家庭教育服务站，根据社区群众需求，免费派驻高级家庭教育指导师、心理咨询师及社会工作者等专业团队，开展家教沙龙、家庭教育大讲堂、家教讲师团、亲子教育体验活动等线下活动，为家长提供针对性的教育指导，解决家长"教不来""管不好"等难题。

4. 落实社会实践教学，把社会实践作为思政课实践教学重要载体

社会实践是思政课实践教学的重要载体，实现了社会教育与学校教育的动态联袂。"大思政课"即打破时空的限制，让思政课的内容和形式都呈现"大"的形态。学校要紧扣思政课实践教学目标和要求，构建思政课"大实践"模式，利用暑期实践活动、志愿者服务、家乡社会调查等实践活动，开展多样化的思政课实践教学。一是搭建"双实践"，即校内外活动平台。在"社会大课堂"中，既要给专业技能提供教学机会，又要充分发挥思政课教学的实践性，使学生不仅提升自身的学科技能，而且从社会实践中开阔视野、增长才干、提升素质。二是制定"大思政"实践主题。"大思政课"是教育时代背景，也是思政课实践教学的重要主题。学校在此背景下，依据不同学科的教学进度和教学目标，以拓宽视野、增长知识、涵养美德、提升品质、提高能力等为最终目的，制定符合学生认知和具有现实意义的主题活动。

三、共画为党育人、为国育才"同心圆"

结合新时代的现实特点，学校要把握"大思政课"培根铸魂的着眼点，推进思政课内涵式发展，推进思政课程与课程思政同向同行，推进"思政小课堂"与"社会大课堂"相结合，推进大中小学思政课一体化建设，共同画出为党育人、为国育才的"同心圆"，提高沟通心灵、启智润心、激扬斗志的实效性。

1. 推进思政课内涵式发展

"思政课是落实立德树人根本任务的关键课程。"① 推进思政课内涵式发展是全面贯彻落实党的教育方针，解决好"为谁培养人、培养什么人、怎么培养人"根本问题的重要举措，是构建"大思政课"培根铸魂的主要手段。学校要坚持守正创新，从多角度采取有的放矢的措施推进思政课内涵式发展。一是聚焦"00后"中学生学情分析，掌握"网生代"学生的认知和行为特点，善于将教材内容与学生现实紧密结合起来，以现实问题为导向，采用启发式、互动式、议题式、情景式等教学方法，引发学生关于现实问题的讨论和思考，教师从理论与实践的层面加以正面回应和积极引导，形成师生课堂

---

① 习近平. 思政课是落实立德树人根本任务的关键课程［EB/OL］.（2020-08-31）. http://www. gov. cn/xinwen/2020-08/31/content_ 5538760. htm.

教学的良性互动发展。二是以内容为王，阐释好马克思主义经典作家的重要论述，同时有机融入党的百年伟大奋斗历程，用理论和实践证明马克思主义强大的真理伟力和实践伟力，引领学生树立马克思主义信仰，树立共产主义信仰，引导学生成为马克思主义的忠实支持者和实践者。推进思政课内涵式发展重在处理好思政课教学内容与形式的关系，积极应用虚拟现实技术、增强现实（Augmented Reality，缩写为 AR）技术、全息影像技术等手段，实现沉浸式思政课教学，将思政课讲深讲透讲活，提高思政课课堂教学的"抬头率"和"点头率"。

2. 推进思政课程与课程思政同向同行

推进思政课程与课程思政同向同行，实质上是推进思政课程与课程思政在立德树人上的同向同行，是善用"大思政课"培根铸魂的主要策略。第一，与思政课教师协作，挖掘专业课程中蕴含的思政元素，结合专业课程的特点，将思政元素有机融入专业课程讲授中，让爱党、爱国、爱社会主义的情感在专业课堂教学中自然流露，让专业课程讲出思政味道，让学生在听专业课程中潜移默化地受到思政教育。第二，与专业课教师协同，为思政课教学提供丰富的教学案例。思政课教师以各行各业涌现出的英雄故事、杰出人物故事、创业故事、奋斗故事等经典教学案例，来阐释论证马克思主义基本原理，有助于增强思政课教学的吸引力和感染力。

3. 推进"思政小课堂"与"社会大课堂"相结合

推进"思政小课堂"与"社会大课堂"相结合是坚持理论性与实践性相统一的具体体现，是善用"大思政课"培根铸魂的主要抓手。一是以马克思主义理论及时回应学生关切的现实问题。以问题为导向，实时运用党的最新理论成果，尤其是习近平新时代中国特色社会主义思想，及时回应学生关切的社会热点问题。思政课教师在传道、授业、解惑中让学生学习和掌握马克思主义的基本立场、观点和方法，学习和掌握马克思主义中国化的理论成果，提高学生的思想政治理论水平，在学习中感悟马克思主义理论的真理伟力和实践伟力。二是让学生在社会实践中感悟马克思主义。纸上得来终觉浅，绝知此事要躬行。思政课教师要引导学生坚持理论联系实际的马克思主义学风，学会用脚步丈量祖国大地，深入人民群众中，扎根基层一线，方知人民群众是历史的创造者；用眼睛发现中国精神，洞察党的百年奋斗历程，方知中国共产党的初心和使命；用耳朵倾听人民呼声，聆听人民群众的心声，回应人民群众的期待，方知实践是检验真理的唯一标准；用内心感应时代脉搏，顺应时代发展潮流，方知勇立时代潮头，立鸿鹄志，做中华民族伟大复兴的奋斗者。在学、思、践、悟中，推进"思政小课堂"与"社会大课堂"相结合，是理论与实践的良性互动的必然要求，有助于提升"大思政课"培根铸魂的亲和力和针对性。

4. 推进大中小学思政课一体化建设

推进大中小学思政课一体化建设是培养一代又一代社会主义建设者和接班人的重要保障。大中小学思政课一体化建设遵循"整体规划、纵向衔接、横向贯通、循序渐进、螺旋上升"的发展过程，不同学段思政课教学目标、内容、方法等各有侧重，并非千篇一律，需因材施教、久久为功，止于至善。小学学段侧重启蒙，以道德情感为线，引导学生形成爱党、爱国、爱社会主义、爱人民、爱集体的情感；初中学段侧重思想引导，以思想意识为线，引导学生把党、祖国、人民装在心中；高中阶段侧重政治素养，以政治认同为线，引导学生衷心拥护党的领导和我国社会主义制度；大学学段侧重使命担当，以听党话、跟党走为线，引导学生做社会主义的合格建设者和接班人。

我们要坚持用好思政课课堂主渠道，促进思政课程与课程思政协同发展，强化实践教学育人第二课堂，深化大中小学思政课一体化建设，打好立德树人组合拳，开启"大思政课"铸魂育人新篇章。

一是办好大课程。推进"大思政课"应当坚持以课程体系建设为重点，在抓好思想政治理论课改革发展的同时，全面推进课程思政建设，实现思想政治教育由"单课程"向"全课程"的拓展。实践课程是课堂教学的重要补充，将第二课堂纳入课程体系建设的重要内容，引导学生在广阔的社会实践中接受深刻教育，提高认知水平和实践能力。网络课程是现代课程建设的新方向，主动加强网络技术应用，把传统的思想政治教育课堂搬进网络，让多样的思想政治教育内容渗入虚拟空间，实现思想政治教育在新媒体时代的华丽转变。

二是建好大队伍。"大思政课"的实现需要一支强大的工作队伍来支撑。要按照专兼职相结合、校内外相协同的思路，统筹思想政治教育工作队伍建设和力量参与，打造坚实有力的思想政治教育共同体。专职队伍要建强。对标新时代思想政治工作新要求，全面加强学校党政干部、思想政治理论课教师、辅导员、班主任的选用管理，在学生思想政治教育过程中发挥组织协调和示范引领作用。普通教师要培优。严明师德要求，牢记育人职责，在"大思政课"格局中强化主动参与意识，立足岗位切实发挥学生健康成长引路人的作用。校外队伍要联动。根据不同行业特点和学校教育的实际需求，有序吸纳不同组织和人员参与学生教育，严格规范准入机制，加强教育培训和日常管理，发挥校外力量的独特优势。

三是形成大机制。大格局需要大机制来推动。建立"一核多元"的组织实施机制。学校思想政治教育是在党的领导下进行的具有社会主义性质的专门教育，"大思政课"的构建必须发挥党组织的核心领导作用，要以各级党委、学校党组织为主要领导和工作力量，加强横纵联系，促进各育人主体间有效对话、协调行动。建立共建共享的资源利用机制。针对思想政治教育资源形态多样、分布广泛的特点，打破资源的空间限制，推动部门间、校内外的交互联通，使校内有限的资源得到充分运用，让丰富的校外资源不断走进校园，激活学生思想政治教育的内容和形态，提高思想政治教育的针对性和感染力。建立科学有效的考核评价机制。明确校内外各方的育人职责和工作要求，分层分类开展考评，强化正向激励，凝聚培育时代新人的工作合力。

第四章

▶▶▶ 中学课程思政识察

第一节 中学课程思政现状

一、中学课程思政存在的问题

课程思政是新时代我国高等教育领域为更好落实立德树人根本任务而探索创新的新兴事物。以2016年12月7日至8日全国高校思想政治工作会议作为对其认识和提出的缘起，历经6年多的艰辛探索，高等学校对课程思政时代价值的认识不断提升、实践逐步深入、理论研究持续深化。受高校课程思政建设的影响，中学课程思政建设也在同步兴起，理论研究与实践探索不断发展，同样取得了一定的成就。但是，受中高考等多种因素影响，中学课程思政建设步履维艰，存在一系列问题。

第一，"功利化"比较明显。许多教师缺乏主动性，参与课程思政教学积极性不高。其中，不少教师明确表示平时教学不考虑思政，只有上级要求进行公开课时才考虑思政。少数教师认为平时教学工作中渗透思政教育，不需要专门课程思政。有部分教师知道课程思政很有意义，但是只有开设公开课时才设计教学。可见，部分教师参与课程思政或是为了迎合上级指示而例行公事，或是为了参加公开课等，而忽略了课程思政的育人初心，在课程思政实施过程中并没有充分发挥其主观能动性与积极性。有的学校在开学初轰轰烈烈召开课程思政动员大会，并组织教研组活动进行集体备课，但是，此行动仅限于开学初，一段时间后基本上不了了之，即便个别学校开展，也多流于形式，导致个别积极性较高的教师只能单枪匹马探索学科课程思政，缺少团队的协作与指引。

第二，中学课程"重智育、轻德育"现象仍然存在。相当一部分教师认为智育比德育更重要。个别学校不重视思政教育，思政课逐渐被形式化、边缘化，更谈不上课程思政建设。不少学校口头上重视，思想和行动上却没有多少改变，教学内容单一，教学方法简单，教学形式古板，没有体现德育要求。思政课的重要性在中学没有得到重视，被严重低估甚至是边缘化，导致育德和育才失衡，人才培养的质量下降。课程思政建设关键在思政，没有好的思政教育功能，课程教学就会脱离人而工具化，背离教育的目的，从而导致课程教学中知识传授、能力培养与价值引领之间发生冲突。如果不从根本上转变对思政教育的错误观念，认为"德育"仅仅是思政课的责任，其他学科只负责传授知识和培养能力，将难以在各门课程之间形成"同向同行、协同育人"的合力。

第三，中学课程思政建设的主体功能有待加强。从现实情况来看，仍有不少教师认为，对学生进行思想政治教育是思政教师的责任，与非思政课的教师关系不大。有相当多的非思政课教师缺乏思政教育的意识，认为思政教育只是一种说教，效果不大，甚至浪费时间。其实，非思政课教师对学生的德育和思政教育重视程度相对不够，说服他们接受课程思政的概念就非常困难，要让他们认识到自己也承担思政责任，更需要一定的时间。思政课教师在思政教育中担负着主要任务，同样非思政课的教师也承担重要育人责任。增强非思政课教师授课中的思政教育意识，推动非思政课教师自觉地参与到思政教育工作中来，是一项重要的任务。课程思政建设过程中，思政课教师与其他课程教师的合作，可以有效消减教法的局限，但各科教师如何相互学习、交流融合，存在盲区。

第四，"两张皮"现象普遍存在。重教轻育观念影响犹在，学科教学和思政育人"两张皮"现象普遍存在。一些教师在实际教育教学过程中没有认识到知识与育人是一个共同体，大多数教师认为课堂上主要以传授知识与技能为主，育人工作应当由班主任和行政管理部门等专人负责；个别年长的教师认为他们只需要负责传授专业知识，学科育人的事应该交给年轻教师去完成；一些教师则认为课时比较紧，大家都在抢赶教学进度，没有时间开展思政教育。此外，在一些普通学校，教师认为学生成绩差，基础知识都难以掌握，无法开展思政教育。因此，目前在中小学课程思政实施过程中出现了两种极端现象,一种是仍然按照传统教学方式,只注重学科专业知识的传授和基本技能的训练;另一种是为了凸显思政教育而淡化学科知识,从而偏离了教学重心,甚至背离教学规律,教学过程中主要倾向于思政教育。例如,某地理教师在讲"太阳辐射对地球的影响"时,其重点是说明太阳辐射对地球的影响,但是,最后大部分时间却围绕"中国如何成为世界上太阳能强国"而展开,完全背离了教学目标,淡化了学科知识。

第五,形式化现象较为普遍。在课程思政实施过程中,存在对思想政治教育资源生搬硬套的教条主义现象,部分教师只注重结果而忽视过程,为了思政而思政,片面地认为在学科教学基础上引入一些政治名言就是课程思政,更有甚者把学科课程思政仅仅当作是政治任务去对待,贴标签现象屡见不鲜。例如,有教师在学科教学中引用几句领导人讲话,便认为是课程思政了。有地理老师在"田纳西河流域的治理与开发""环境保护"与"城市化问题"等的教学过程中采用同一模式,即先按传统教学方式开展教学活动,最后结尾时统一贴上"绿水青山就是金山银山"这一标签,整个教学过程中形式主义色彩浓重,不但不会发挥思政育人功能,反而事倍功半。

第六,专业知识教学与思政教育的契合度尚需提高。尽管教育培养的针对性和方向性比较明显,但是教学实践中专业教学与思政课程结合得并不够紧密或者比较生硬,思想政治课程形式化明显,在理论结合实际、影响学生思考方面存在欠缺,学生进行内化从而建立内在思维机制的动力不足,思想政治课程对学生实际生活行动的指导性价值没有得到发挥,对于学生专业发展所需要的素质和价值观塑造造成了不利影响。另外,中学课程思政建设缺乏内容与形式的统一。中学生的理解能力尚待提高,一味地灌输德育的内容而忽略形式,不仅达不到德育的要求,反而会使学生产生厌烦的心理。因此,在课堂教学中,特别是进行德育的时候,教师要选择学生乐于接受的话语方式,避免"空洞说教"。

第七,大中小学之间课程思政建设衔接不够。课程思政这个概念早已提出,习近平总书记也在谈及高校思政课程建设时多次提到课程思政建设,许多高校教师对课程思政概念了解比较深刻,但是中学教师对此概念了解不多。这主要是因为高校与中小学课程思政建设联系不够紧密,大中小学彼此之间缺乏沟通,尽管许多高校课程思政建设取得很多成果,但中学课程思政建设还比较薄弱,没有把课程思政的教学过程当成一个整体进行研究。很多中学的思政教育存在师资力量配备不足、教学方形式单一、教学内容枯燥等问题。

要解决这些难题，就必须进行深层次的改革，不仅要改革教材，更要革新教学观念和教学方法，让思政教育有灵魂，这就需要高校和中小学之间课程思政建设加强联系。

二、中学课程思政问题产生的原因

导致上述现象出现的原因很多，究其根源，主要是教师对课程思政"是什么""为什么""怎么做"等不理解或者理解不到位，具体表现为四个方面。

其一，缺乏专业培训与科学指导。在进行中小学课程思政改革过程中，并没有开展专业培训与科学指导，很多一线教师根本不理解"课程思政"的真正内涵，这样教师在不知道"什么是课程思政"的情况下，就盲目实践"怎么思政"，所以在教学实践过程中很容易出现本末倒置的现象，甚至偏离学科课程思政教育的初心。课程思政是一项长期而系统的工程，在没有系列成功典范作示范引领的前提条件下开展，导致课程和思政"两张皮"现象屡见不鲜。

其二，评价体系不完善、不科学。科学合理的教学评价体系在教学改革过程中起着重要的导向作用，当前在实施中小学课程思政过程中没有出台统一的评价机制，导致在教学实践评价过程中，出现人云亦云现象，评价方式极端化，一部分人认为学科课程思政不过是政治任务、形式而已，在评价时只关注课程思政实践者在教学设计中是否贴有政治标签；另外，一些专家也主张学科课程的思政知识水平必须突出课程思政、弱化学科知识水平，这部分课程的评价人员在实际评价过程中则主要着眼于在教育过程中思政比重的多寡，而更加关注如何实现思政目标，却又大大忽视了学科知识的科学性和系统化，以至于脱离了专业知识水平和能力的要求。

其三，缺乏合理有效的激励机制。合理而有效的激励机制对于提高教师在课程思政实施过程中的参与度至关重要。但是，现阶段中小学课程思政研究与实施均处于起步阶段，自上而下缺乏有效的激励机制，没有与教学评估相结合，无法调动教师参与的主动性与探究欲，这也是导致教师参与积极性不高的重要因素。

其四，教师的自身素养有待提高。教师的认知水平、责任担当、合作意识和能力等自身素养在课程思政教学改革过程中起着关键性作用。很多中学教师只管本学科教学，不关心教育教学动态，更不会去了解大学育人要求。

课程思政育人是在教与学的过程中潜移默化发挥作用的,而很多教师以课程时间紧张、升学考试压力大等为由,只关注知识传授而忽视知识本身的育人价值。多数教师由于没有真正理解课程思政的内涵及其意义,从而出现认识偏差,在教学实践过程和评价过程中出现"重教轻育"和"重育轻教"两种极端倾向,于是"贴标签"的现象屡屡出现。此外,育人不是某些管理阶层的特权,而是每个教师都应承担的职责;育人也不是每个教师能够独立完成的,需要所有教师共同参与,才能真正实现全员、全程、全方位育人。但在实际教学过程中,很多教师缺乏责任担当与合作意识,总把育人责任推卸给班主任和其他行政管理人员,这也是中小学课程思政实施阻碍重重的重要原因之一。

第二节 学科思政:课程思政的深化

一、学科思政的提出

自党的十八大以来,习近平总书记多次强调"立德树人"的重要性,并就如何实现这一教育根本任务提出了战略性意见,即改革创新思想政治教育工作的方式方法与工作体系。2018年5月2日,习近平总书记在北京大学师生座谈会上指出,人才培养体系涉及学科体系、教学体系、教材体系、管理体系等,而贯通其中的是思想政治工作体系。2018年9月10日,习近平总书记在全国教育大会上指出,要把立德树人融入思想道德教育、文化知识教育、社会实践教育各环节,贯穿基础教育、职业教育、高等教育各领域,学科体系、教学体系、教材体系、管理体系要围绕这个目标来设计,教师要围绕这个目标来教,学生要围绕这个目标来学。可见,将思想政治工作融入学科体系是学校建设高水平人才培养体系、实现立德树人根本任务的基本单元之一。

二、学科思政的内涵

学科思政是由"学科"与"思政"组合而来,该词组的中心词为"思政",源自"思想政治教育"的缩写,限定词为"学科",即依据学术性质而划分的专门知识科学门类。因此，从字面上来解释，"学科思政"就是以学科为载体的思政育人形式。但"学科思政"的内涵远比其字面意义更丰富、更深远。学科之所以能作为思政育人的载体，归根结底，是因为学科发展建设的过程与结果天然具有育人属性。学科的发展建设是专业知识发现、积累、传承、传播和创新的过程，教育则是推进该过程发生的重要动力和催化剂。教育不仅具有选择学科的功能，而且有创造学科的功能。学科所包含的专业知识并非只有所谓的客观知识，还有与客观知识密切相关，甚至无法分割的精神、情感、思想和价值选择，而这些都是思想政治教育、立德树人最为关注的教育内容。

综上所述，学科思政就是指立足学科的特点、优势和使命定位，将学科中所蕴含的符合培养社会主义建设者和接班人所需要的精神、情感、思想和价值选择等元素，融入学科的发展建设过程中，使"学科"成为"思政"的有效载体或平台，让"思政"为"学科"注入灵魂或活力，从而实现学科育人与思政育人的有机协同和相互促进，形成创新的学科育人模式。学科思政是在立足于学科教学、不改变学科教学属性的前提下，在学科教学的全过程中实现思政教育理念、手段、任务、目标和效果的一种思政教育。

对于学科思政的内涵，绝不能仅从字面上来理解，因为一旦进入这种误区，"思政"就容易被理解为学科育人的"额外负担"，导致在学科思政中受益的只有"思政"，而没有"学科"。

三、学科思政的目标和原则

1. 学科思政的目标

学科思政的目标既要符合教育对象的发展目标，又要实现学科教学的效果目标。教育对象的发展目标要以习近平新时代中国特色社会主义思想为指导，在学科教学中坚持知识传授与价值引领相结合，运用可以培养学生理想信念、价值取向、政治信仰、社会责任的教学题材和内容，全面提高学生缘事析理、审辨思维、明辨是非的能力，使学生在学科知识的增长和学科能力的提升过程中形成政治品格和道德素养，成为全面发展的人。

学科效果目标就是特定学段的学生通过某一学科的学习，在发展品德、智力、体质等方面所期望达到的效果和程度。它是学科教学中编选教材内容、确定教学目标和选择教学方法的基础和依据。从以核心素养为指向的新课程改革理念下的学科思政意义上来说,学科教学的效果目标一定要突出育人功能和思想品德教育的指向,以教学内容为载体实现包括学科思政目标在内的学科教学目标和教学效果。

2. 学科思政的原则

学科思政作为一种教学理念,既有传统价值又有现实意义。教育的第一责任是"传道、授业、解惑",传什么道事关"为谁培养人"的问题,解什么惑事关"培养什么人"的问题,如何解惑事关"怎么培养人"的问题。所以,学科思政不是随意为之,而是有原则的。

(1)实事求是原则。坚持学科属性,在学科教学中发掘思政的内容和元素,不牵强附会,不随意嫁接,也不是将思政课的内容糅进学科教学内容之中,而是在实施学科教学的过程中科学地建构、设计和实施属于学科教学意义的思政教育。语文课要在语言建构与运用的过程中,在培养科学思维、发展形象思维的过程中实事求是地传承中华民族自强不息、坚韧不拔、舍生取义等优秀民族品质;数学课要在进行数学分析和数学运算抽象思维和逻辑推理能力培养的同时,实事求是地培养重证明、重逻辑、重推理的科学态度;物理和化学课要在建构科学观念、培养科学思维的过程中培养实验探究、重实验过程和实验结果的学科精神;等等。

(2)创新思维原则。创新思维原则就是创新学科思政的内容,更新学科思政的形式。英语课要在阅读理解、语言运用的过程中修炼文化品格,在语言活动中创新性建构思维品质,提高学习能力。数理化生课未必能创造性地发明什么定理,但可以通过建模分析、实验探究、证据推理与模型认知培养创新意识和科学精神。历史、政治课可以通过政治格局、历史演变等探究方案的创新性设计,培养学生独立思考的能力。所有学科都应该尝试运用一题多解的方法,即给一个问题让学生用不同的方法来解答,对同一个现象让学生用不同的方式去描述,遇到同一个困难让学生用不同的方案去克服。

(3)突出重点原则。突出重点原则就是要依据基础学科属性确定不同学科的思政教育重点。数学,不论是逻辑数学还是建模数学,也不论是数学运算还是数学分析,最大的共同特征就是严谨。严谨首先表现为精确性,但逻辑意义的精确和语言意义的精确又存在一定的差别,其中的哲学思维和哲学观念就可以作为数学思政的重点。当然,数学文化、数学简史都是数学思政的内容和重点。物理作为研究物质运动一般规律和物质基本结构的学科,研究内容大至宇宙,小至基本粒子的一切物质最基本的运动形式和规律。根据学科的教学内容，物理思政可以在物理学科的学习中进行"认识论"哲学教育；或进行"有"与"无"、"虚"与"实"的辩证法教育；或可以从物理学的理论学习和实验探究发现自然奥秘的过程中进行唯物主义世界观的教育；也可以通过对宏观的广袤宇宙或微观的粒子、量子世界认知，进行和谐统一性的哲学教育；还可以通过认知物理学科的属性和特征进行简洁之美、对称之美、精巧之美等审美思维教育。

（4）注重实效原则。注重实效原则就是要重视思想品质的养成，唤醒生命发展的自觉。通过学科教学，或者在学科学习的过程中让学生正确地认识自我、他人和社会，正确地处理人际关系，正确地定位生命发展的方向，树立正确的世界观、人生观和价值观。在学科学习中既培养关键能力又塑造核心素养，既拓展见识又养成专注定力。总之，凡是在习得关键能力的过程中养成关键品质的策略、方法和措施，都是有价值的重实效的思政原则。

四、学科思政的教学要求

1. 学科思政的内容体系建构

学科思政既然以学科为载体，其内容体系的构建必定依赖学科在建设与发展过程中的外在表现形态。学科作为一种专门的知识分类体系与规范，其在建设和发展过程中具有知识、活动和组织三种表现形态。其中，知识形态为学科建设与发展的结果，活动形态可视为学科建设与发展的途径，组织形态则是学科建设与发展的保障。或者说，学科的知识形态是学科建设和发展的永恒追求，而活动形态和组织形态是拓展学科知识的重要手段。

（1）知识形态的学科思政。知识是人类经验的积累，是人类文化的重要组成部分。学科知识是围绕特定的研究对象形成的知识集合，是按照学问的性质而划分的知识或学问的门类，是相对独立的知识体系。在学科育人中，学科知识属于形而下的教育元素，而价值观层面的内容则属于形而上的教育元素。如果在教学过程中过分重视形而下的知识，却忽略形而上的价值观，培养出来的很可能是"知识化"的人才，而非"文明化"的人才。知识形态的"学科思政"，要求在学科知识中融入思想政治教育，不仅要培养学生的科学知识、专业技能，而且要用科学的价值观、世界观熏陶并培养学生的科学精神、道德素养与文化素质。

（2）活动形态的学科思政。学科的活动形态是指学科主体在特定知识领域中持续开展观察、实验、实践、思考和传承的活动过程。学科知识是人类在认识世界、改造世界的过程中产生、发展和积累的,是主客体互动的结果,学科活动是学科产生和发展的基础或前提。学科活动的本质是通过持续的探究,寻求解决人类社会发展相关问题的有效方法;学科知识的持续传承则为人类不断积累、提高认识世界和改造世界的能力提供了无限空间。活动形态的学科思政,要求在学科活动中融入思想政治教育,不仅要教会学生相关的学科知识与研究方法,更要培养学生勇于质疑、勤于探索、善于钻研和乐于奉献的科学精神。

（3）组织形态的学科思政。学科的组织形态主要是指学科主体以知识和活动为纽带所形成的人与人之间的一种组织状态,即以知识的发现、积累、传播和创新为基础所形成的学科队伍。学科知识所具有的精神、情感、思想和价值选择等思政属性是通过学科组织中人的活动的对象化而实现的,是人的本质力量作用于学科活动的对象而产生的。组织形态的学科思政,要求在学科组织中融入思想政治教育,不仅要做好科研团队的结构建设和科研平台的硬件建设,而且要重视团队的思想建设和文化建设,要让学科育人成为团队成员的自觉选择。

2. 探寻学科教学中渗透思政教育的有效方式

（1）统整目标体系。构建完整的育人目标体系是实现各学科教学协同育人的基础和前提。学校要将思政教育渗透在学科教学中的目标设置成总体目标和各年级目标。各学科教师要根据学校年级段的相应要求,从各学科特点出发,制订、完善相应的育人目标子系统,并制订各教学单元要渗透的思政教育具体目标,保证渗透工作有计划、有目的、有方向地进行。形式与内容与时俱进。教师要将在学科教学中渗透思政教育当作一件重要任务来完成,在教学过程中注意教学内容与思政教育渗透点的探究,不"生拉硬扯""牵强附会"地在教学中喊"高大全"的思政教育口号。这样不仅使思政教育渗透失去了"面子",也损害了学校思政教育的"肌理"。思政教育的外在形式很难变化。但教育的内容要做到与时俱进。教育的外在形式具有固定性,比如教材、课程标准等,具有长远的指导性,很难在短时间内发生变化。这是由教育教学的特点决定的。但是,学科教师的思政知识、思政教学理念要体现时代精神,关注社会热点。进行教学设计时,教师要让教学内容与社会实际相联系,应对社会热点进行筛选,为学生传递积极的、正能量的价值观。

（2）挖掘不同学科的思政元素。教师应充分挖掘各学科的特点，有意识地加以思政教育内容的渗透。文以载道，每句话、每段文字、每篇课文几乎都有较强的思想内涵，都是渗透思政教育的良好契机。在教学中，教师要把着眼点落到促进人的发展上，通过活动让学生亲近自然、了解社会、欣赏生活，懂得珍爱生命，善待他人，引导学生养成与自然和谐相处的意识，培养学生爱科学、爱家乡、爱祖国、爱人类的情感。

（3）建立相应的思政教育评价机制。针对中小学学科教师中对思政教育的认识和现状，学校必须建立相应的思政教育评价机制，把思政教育渗透学科教学，纳入教学常规检查、教学业务检查、教学能力和绩效评价的有机组成部分，保障思政教育渗透学科教学全面、正常、有序、有效地开展，从而实现从强制到自觉、由他律到自律的变化，彻底扭转学科思政教育不力的现状。

3. 做到四个"结合"

（1）灌输与渗透相结合。在学科教学中以习近平新时代中国特色社会主义思想为指导，将马克思主义理论"灌输"性融入学科教学的内容之中，使思政教育的思想、观点、方法论与学科教学的内容水乳交融、互为营养、意义增值、价值提升，这便是达到了灌输与渗透相结合的要求。

（2）理论与实践相结合。源自实践并经过实践检验过的理论一旦诞生，就会对实践产生强大的反作用，就会对实践产生一定的指导作用和价值。就学科思政来说，马克思主义的学说作为科学是经过实践检验的理论，这个理论如何渗透到学科教学之中，还得与教学实践相结合，在结合中促进学生关键智能和重要品质的成长和进步。

（3）历史与现实相结合。借鉴历史的经验教训，能够更好地为我们的现实生活服务。在学科思政的理念下，应该将学科史，如数学史、物理史、化学史及相应的学科文化，与学科内容相结合进行教学，尤其要将学科的起源、学科的前沿与学科内容相结合，在学科教学中体现学科文化，在学科体系的学习中熟悉学科历史，使学科内容、学科知识和学科文化紧密结合，发掘出本学科的思政教育的因子和内容。

（4）显性与隐性相结合。学科思政在很大程度上都是隐性的，是寓于学科内容和教学过程之中的。在学科教学中潜移默化地如春雨滋润万物一样实现思政的教育效果，绝不可强塞油水分离的思政元素，绝不可横向跨界生搬硬套地嫁接和转基因式地在学科教学中掺杂反学科属性的思政元素。

学科思政是一种新观念，目的就是在学科教学中发掘和融入思政教育的理念、内容和策略，通过人格教育、理想教育、信仰教育、品德教育、法治教育、心态教育和生命自觉与自律的教育，培养具备正确价值观、关键品质和关键能力的全面发展的人。

第三节 课程思政与思政课程同向同行

一、关于同向同行的理解

立德树人，不仅要讲政治、讲信仰，还要讲思维方式、讲智慧。简而言之，我们要培养社会主义建设者和可靠接班人，说到底，不仅要讲政治、讲立场，还要讲能力、讲智慧，讲德才兼备。新时代，意味着中国在世界舞台将扮演更加重要的角色。这就需要培养具有国际化眼光的人才，人才的国际性眼光，培养人才必须要有新的理念、新的思维方式，要有适合全球化进程的创新能力等。课程思政在一定意义上补充了思政课程的相对不足。因此，在新的历史条件下设立课程思政，推动学校合力育人也就显得十分必要，这是真正体现立德树人任务的根本。因而，要推动课程思政与思政课程同向同行，全员育人、全过程育人、全方位育人。

进入新时代，既要继续发挥思政课程的主渠道作用，又要发挥课程思政的作用和功能，实现两者同向同行。习近平指出，其他各门课都要守好一段渠、种好责任田，使各类课程与思想政治理论课同向同行，形成协同效应。这是当前推动学校思想政治工作的一种重要的路径选择，这就要求课程思政建设能够与思政课程同向同行。

1. "同向"问题的理解

课程思政与思政课程"同向"至少要考虑以下几个维度：国家认同、政治认同、道路认同、理论认同、制度认同、文化认同等。归纳起来主要分三个层面，要解决政治方向的一致性、育人方向的一致性和文化认同的统一性三个问题。

（1）政治方向的一致性。课程思政与思政课程同向首先要在政治层面具有一致性。课程思政要把握政治方向,要树立大局意识,把握政治大局,与思政课程一道,共同推动学生对国家认同、政治认同,这里包含对中华民族的认同、培养中华民族情感、对当代中国政治认同,以及对马克思主义基本立场、观点和方法的认同等,这是最核心的一点。总之,思政课程正面阐述国家认同、政治认同等,课程思政要遥相呼应,不能拆台。国家大局、政治大局是始终要坚定不移、一以贯之的,不容任何含糊。

(2) 育人方向的一致性。课程思政与思政课程同向必须要在立德树人、以文化人等育人方向上保持一致。不管是课程思政还是思政课程归根到底在于育人。然而,其方向一致性问题,最核心的是解决"培养什么样的人,为谁服务"的问题。当代中国,育人方向要统一到学习贯彻新时代中国特色社会主义思想层面上来,培养人才是为坚守新时代中国特色社会主义道路,增强道路自信的;是为增强理解和发展新时代中国特色社会主义理论服务的,增强理论自信的;是为增强理解和发展中国特色社会主义制度服务,增强制度自信的;是为增强理解和发展中国特色社会主义文化服务,增强文化自信的。党的十八大报告指出,中国特色社会主义道路,中国特色社会主义理论体系,中国特色社会主义制度,是党和人民100多年奋斗、创造、积累的根本成就,必须倍加珍惜、始终坚持、不断发展。课程思政与思政课程在育人方向上都要统一到中国道路、中国理论、中国制度、中国文化的认同层面上来,增强道路自信、理论自信、制度自信、文化自信。

(3) 文化认同的统一性。课程思政与思政课程建设归根到底还是文化认同、价值观认同的问题,这是解决一个民族文化自信的基石。习近平总书记在庆祝中国共产党成立95周年大会上的讲话中指出,全党要坚定道路自信、理论自信、制度自信、文化自信,而文化自信,是更基础、更广泛、更深厚的自信。文化能否自信,关乎教育根本,尤其是当中国发展到现在这个程度,在中国在世界体系中的位置发生一定变化的情况下,文化能否自信起来,也就显得至关重要。课程思政与思政课程毫无疑问都深层次地触及文化认同、价值观认同问题。但是,课程思政要解决的文化认同、价值观认同必须和思政课程所阐释的文化认同、价值观认同在总体上保持一致,两者要统一起来,不能各说各的,甚至相互矛盾。然而,如何解决两者之间的统一性问题,统一到哪个层面上,亟待深入研究。一般而言,要统一到中华优秀传统文化认同、当代中国文化认同、当代中国价值观认同、人类共同价值观认同层面上来。课程思政与思政课程在当代中国价值观层面的统一性,其实就是社会主义核心价值观。社会主义核心价值观教育是两者的共同认同，也是共同的努力方向。习近平总书记指出，人类社会发展的历史表明，对一个民族、一个国家来说，最持久、最深层的力量是全社会共同认可的核心价值观。核心价值观，承载着一个民族、一个国家的精神追求，体现着一个社会评判是非曲直的价值标准。课程思政与思政课程在价值观教育方面始终要保持一致，坚定当代中国的价值观。只有解决了它们之间的"同向"问题才能比较好地落实"同行"问题。课程思政与思政课程结伴而行、步调一致才是彰显学校思想政治工作效果的根本之道。

2. "同行"问题的理解

所谓"同行"问题主要是要解决课程思政如何与思政课程步调一致，合力育人，合力培养人的问题。为此，至少要考虑几个问题：步调一致、相互补充、相互促进、共享发展。

（1）步调一致，就是要使课程思政在事关国家认同、政治认同、道路认同、理论认同、制度认同、文化认同等方面始终与思政课程同在一个频道上。就是说，纳入课程思政系列的课程要在课程标准上进行顶层设计，在课程设置、内容设计等方面进行修订和统筹考虑，根据课程思政的要求和标准进行修订，从而在课程体系建设上体现立德树人的根本要求，要融入当代中国的价值要求，紧紧把握育人的底线、育人的规范、育人的时代要求等。

（2）相互补充，其目的是推动课程思政与思政课程互补，建构两套互补型的课程体系。为此，不能把思政课程建成课程思政，同样，也不能把课程思政建成思政课程，两者的功能是相互补充的，构成以思政课程为轴心、课程思政为补充的学校思想政治教育课程体系。要继续深化思政课程的改革，进一步厘清思政课程的功能和边界，明确哪些是思政课程重点要讲的东西，哪些是不能承担的任务，从而为课程思政的课程设置提供空间和要求。课程思政的教学设置要在深入研究思政课程根本任务的基础上，进行课程体系的顶层设计，进一步明晰各门课程在立德树人、以文化人的作用和定位，错位补充一些内容。

（3）相互促进，主要是课程思政与思政课程相互促进。课程思政要促进思政课程的建设，同样，思政课程也要促进课程思政的发展。这里要解决两个大问题，即课程思政在何种意义上促进思政课程建设？一方面，要推动课程思政建设为思政课程提供学科支撑、理论支撑、队伍支撑等。课程思政的多学科性有利于思政课程汲取营养；思政课程也只有根植于课程思政才能孕育更美的花朵。另一方面，思政课程也要促进课程思政的发展，树立好课程建设的示范标准、教学规范标准、政治导向标准等，进而起到示范和引领作用。尤其是政治方向上，思政课程要紧跟中央精神，始终在关注、学习中央精神上走在其他课程的前面，应该提供一套可参考的教学标准，在某些领域引领课程思政的建设，进而使两者相互促进、良性互动。

（4）共享发展，主要是课程思政与思政课程相互共享信息和资源，共同为立德树人服务。共享是人类共同获益的一种价值追求。在信息化时代，课程资源共享是一种重要趋势。课程思政与思政课程如何及时共享信息和资源，对推动学校思想政治工作具有极为重要的作用。课程思政与思政课程共享主要体现在学生思想观念资源共享、课程建设资源共享、教学方式方法共享等。要不断优化共享结构，推动课程思政与思政课程共享发展，协同发展，形成协同效应。

二、课程思政与思政课程同向同行的前提

1. 课程思政与思政课程都把立德树人作为最终目标

立德主要通过思政课程的引导来体现，树人则主要通过课程思政的教育教学来体现。一方面，当前社会快速发展，经济转型换挡，社会矛盾显现，各种社会思潮相互碰撞，青少年学生的思想和价值观或多或少地受到各种冲击，思政课程必须引导学生发现问题、分析问题、解决问题。另一方面，课程思政逐渐成为学校立德树人、铸魂育人的重要理念和创新实践。我们要在学习和践行习近平总书记关于教育的重要论述中逐步深化对课程思政的认识，聚焦立德树人根本任务，以课程思政建设和改革为抓手，推进"三全育人"。

2. 课程思政与思政课程都在育人体系中具有重要地位

一方面，要推动思政课程改革，实现课堂教学内容专题化、教学手段现代化、考试方式多样化，使课程要点与思想实际相结合、课堂教学与自主学习相结合、理论学习与实践育人相结合，努力增强思政课程的吸引力和感染力。另一方面，要大力推动以课程思政为目标的课堂教学改革，优化课程设置，完善教学设计，加强教学管理，梳理各门专业课程蕴含的思想政治教育元素和承载的思想政治教育功能，实现思想政治教育与知识体系教育的有机统一。我们要用好传统教学"第一课堂"，建立课程思政体系，不断创新知识

传授与价值引领相结合的课堂设置，将思政内容融入其他课程，破解"单兵作战"和"孤岛化"困境，让各种教学活动都与思想政治教育同向同行，形成协同效应。

3. 课程思政与思政课程存在共同的价值引领

长期以来，我们倡导将社会主义核心价值观所涉及的国家、社会、公民三个层面的价值要求融为一体。思政课程要引导学生树立正确的世界观、人生观、价值观，理解马克思主义特别是习近平新时代中国特色社会主义思想的基本内涵、基本立场、基本方法，让学生能够分辨是非，能够用科学理论分析和解答经济社会发展中的现实问题，知其然，更知其所以然。课程思政是一项为党育人、为国育才的系统工程。包括思政课程在内的所有课程都有育人功能，所有教师都肩负价值引领职责。推进课程思政建设是全体教师的共同责任，涉及教育教学全过程、各方面，纵向需要层层激发动力、形成共识，横向需要多部门协同配合、互相支持。

4. 课程思政与思政课程都具有不断完善的内在动力

无论是课程思政还是思政课程，都要不断完善，更加关注课程的综合化、主题化发展趋势，加强学科间的联系和整合，注重综合实践活动及学科实践活动、开放性科学实践活动在课程体系中的地位和作用，实现课程整体育人和实践育人。思政课程要根据学生的成长规律和社会对人才的需求，把德智体美劳全面发展的总体要求具体化，明确学生应具备的正确价值观、必备品格和关键能力，突出个人修养、社会关爱、家国情怀，注重自主发展、合作参与、创新实践。我们要秉承"课程承载思政"和"思政寓于课程"的理念，将思政内容贯穿教育教学各个方面，充分发挥课堂教学的主渠道作用，根据不同专业课程特色，推进课程思政建设。

三、推动课程思政与思政课程同向同行的主要对策

1. 明确课程思政与思政课程同向同行的定位

在推动课程思政建设过程中，要明确课程思政与思政课程同向同行的定位。有一点我们可以明确，不能把课程思政上成思政课程。这就需要对课程思政系列在学校课程体系中进行定位。一般而言，可以定位为思政课程的外围课程，或思政课程的拓展课。另外一个定位在于明确校内课程思政和校外课程思政两种类型。就前者而言，不管如何定位都必须要处理好课程

思政与其他课程的关系，避免课程思政泛滥，也避免消解专业课程的定位和功能。

还要进一步厘清校外课程思政的内容，课程思政不能仅局限于校内课程，还必须向外部拓展，即向社会拓展。课程思政是联通校内外的重要桥梁，也是打通大中小德育实践平台的重要桥梁。课程思政的校外课程如何建设，跟原来的德育实践基地是什么关系，要搞清楚。积极创新现场授课模式，不断丰富课程思政的内涵和形式，从而反过来提升校内课程思政的解释力和说服力。校内校外联动互促，协同发展。

2. 正确处理同向与同行的辩证关系

同向同行的问题实质上是认识与实践的问题，是认识与实践的统一性问题。同向是同行的前提，同行是同向的目的。既要明确同向的重要性，又要明确同行的现实性、可行性。课程思政唯有与思政课程保持同向，才能为同行创造条件，最终实现结伴同行，形成协同效应。进一步来说，课程思政与思政课程的关系，首先要解决同向问题，这是一个方向性的问题，方向不对再怎么努力也达不到目标。为此，必须明确课程思政的方向要向思政课程靠拢，在政治、信仰、核心价值上保持统一方向。同行属于实践范畴，要求如何去做到结伴而行，通过结伴而行，又反过来检验我们的同向的方式方法问题，形成同向同行的联动效应，真正做到知行合一。

3. 确立课程思政与思政课程同向同行的共同体意识

课程思政与思政课程的共同体意识是反映这两者共同存在的社会意识，包括共同建设课程的共建意识、共同发展课程的共担意识、共同享有课程发展成果的共享意识等。共建意识的身份阐释、共担意识的责任明晰、共享意识的利益诠释都基于对伟大祖国、中华民族、中华文化、中国共产党、中国特色社会主义的认同；基于多元一体的身份归属，守望相助的命运交融，你中有我、我中有你的情感共识。课程思政与思政课程集命运、责任、利益于一体。只有明确共建意识、共担意识、共享意识，构建课程思政与思政课程共有的精神家园，才能推动两者同向同行。

4. 建构以思政课程为核心的同向同行运行机制

建设课程思政不是要削弱，抑或取代思政课程，而是要进一步强化思政课程的主导地位。课程思政与思政课程同向同行必须明确思政课程的主导地位，这个主导地位不是说思政课程要去主导其他课程，而是在思想政治教育过程中思政课程要占核心地位，课程思政系列课程起到补充作用。这就需要建立一种同向同行的运行机制，更好地促进课程思政与思政课程同向同行。为此，要建立"以一导多"的运行机制，所谓"一"即思政课程，所谓"多"即课程思政系列课程。建立"以一导多"，就是在重大问题上思政课程要起到引领作用、示范作用，并在有条件的情况下引导课程思政建设。要建立课程思政与思政课程同向同行联动机制，形成协同效应。两种不同类型的课程要同向同行必须有一种联动机制。打通课程思政系列课程之间的学科壁垒和体制藩篱，整合不同学科资源和教师队伍，形成全校自上而下重视这两种类型课程建设的格局。

5. 加强制度创新

课程思政与思政课程同向同行最终依靠制度保障，加强制度创新为课程思政与思政课程同向同行提供根本保障。当前，在学校相关课程设置日趋成熟的时期，不管是盘活存量，还是做好增量工作，都离不开制度设计，需要制度保障。这就要求推动学校制度创新。一方面，要继续推动思政课程建设，使之能够更好地发挥学校思政课的功能；另一方面，要制定激励政策，推动课程思政建设，不断鼓励有条件的学科加入课程思政系列中，以制度的形式保障下来，使之能够长期运行，永久运行。最终使得课程思政与思政课程交相呼应、相互促进，同向同行，共同为立德树人服务，为实现中华民族伟大复兴培养优秀人才。

6. 推动教学方式创新

一方面，思想政治理论课要充分发挥示范效应，凸显主渠道、主课堂的显性功能，进一步推进教学改革，优化教学内容，创新教学方式，加强课程和教材建设，提高教师队伍综合素质，提升课堂教学效果，不断提升思政课程的实效性与针对性。另一方面，针对课程思政，教师不宜硬性灌输、生硬地直接给出结论，而应由近及远、由表及里、由浅入深地引导学生理解中国特色社会主义制度的优势和新中国建设取得的历史性成就，在扎实的文献研究和社会调查的基础上，把家国情怀自然渗入课程的方方面面。课程思政与思政课程同向同行，要求教师不断提高学生获取知识的能力，采取多种方式，包括谈话、讲授、实践活动等，引导学生多学党史、新中国史，自觉接受红色传统教育，不断巩固和升华理想信念；考虑个体差异，改变被动灌输、消极接受的教育模式，引导学生学好国家勋章和国家荣誉称号获得者等模范人物的先进事迹，讲好党的故事、革命的故事、根据地的故事、英雄和烈士的故事等。

第四节 课程思政对教师的要求

一、教师是做好课程思政教学改革的关键

课程思政是学校落实立德树人根本任务的战略举措之一，也是新时代教师队伍建设的良好抓手。近年来，习近平总书记对教师队伍建设提出了一系列指导意见，为深化新时代教师队伍建设改革指明了方向。《中共中央、国务院关于全面深化新时代教师队伍建设改革的意见》指出，到 2035 年，培养造就数以百万计的骨干教师、数以十万计的卓越教师、数以万计的教育家型教师。未来优秀教师的标准，首先是育人意识与能力。习近平总书记在庆祝中国共产党成立 100 周年大会上的讲话中指出，"未来属于青年，希望寄予青年"。新时代青年能否接续马克思主义的思想火炬，把青春奋斗融入党和人民的事业，离不开教师的立德树人。各专业课教师必须树立课程思政的自觉意识，即无须他人提醒便能够将育人意识融入头脑当中，进而落实到专业课教学过程中的思想和行动自觉，提升自身实施课程思政的积极性、主动性和创造性，培养不负历史、不负时代、不负人民的新时代青年。教师自身的马克思主义理论素养，以及对教学目标、教学过程的把控能力等，都深刻影响着课程思政的效果，因此，教师在课程思政教学改革中肩负着重要的责任和使命。

1. 教师是课程思政开展施教的主体人群

课程思政作为一次课程创新改革、一种全新的课程观，就是要围绕协同育人教学思维的新要求，将学校思想政治教育普及融入各门课堂教学，从专人教授、专业课程、专题研习转变为全校推动、全员普及、全面引导。广大教师要始终同党和人民站在一起，自觉做中国特色社会主义的坚定信仰者和忠实实践者，忠诚于党和人民的教育事业。要将家国情怀与理想信念相结合，将自身工作职责与工作使命提升到新的高度。做到让有信仰的人讲信仰。这

一课程实践中，若离开教师，思想政治理论课显性育人同其他所有课程隐性育人相结合的目标，只能止步于表面的理论概念，无法落实、落地、落细。只有思政课教师具备高尚的道德情操和人格魅力，其课程内容才会有效传达给学生，提升教学的有效性、可信度、吸引力，真正落实立德树人根本任务，从而有效打造思政"金课"。

2. 教师是课程思政改革创新的先锋队伍

学校能不能办好思想政治理论课，教育学生全面进步、多向研究、深层发展，教师是决定性因素。国家能不能宏观擘画切实可行，且行之有效的、符合中国特色社会主义办学方向的人才教育培养机制建设蓝图，教师的实践经验与研究推导同样是紧要环节。2008年，中宣部、教育部就加强思政课教师队伍建设出台专项指导意见，并肯定了教师在思政改革建设中的重要功能。教师在教育活动中处于领导和控制的主体地位，是推进课程思政的关键力量。在思政课程中要坚持统一性与多样性的辩证统一，以丰富的教学手段来感染和引导学生学好思政课程。正如习近平总书记讲话指出的，探讨灌输性和启发性相统一，必须重视思政课堂的显性与隐性教学环境的衔接，让我们的学生真正浸润在思政的环境中成长和学习。

3. 理直气壮开好思政课，思政课教师队伍责任重大

第一，思政课教师从事的是学校意识形态主阵地建设工作，其职责就是要把自己对中国特色社会主义理论的理论认同、政治认同、情感认同，转变成当代学生的思想认同、政治认同、情感认同。思政课教师作为学校思政课教学活动的承担者、组织者和实施者，必须首先明道信道，给学生心灵埋下真善美的种子，引导学生扣好人生"第一粒扣子"。第二，思政课教师必须发挥积极性、主动性、创造性。只有真心认同中国特色社会主义，心里装着国家和民族，教师才有可能以情感人；只有掌握党和人民的伟大实践，教师才有可能以事载道、以事明理；只有深刻掌握辩证唯物主义和历史唯物主义，教师才能把最新研究成果及时转化为教学内容；只有努力达到"六个要"，做好学生的引路人，才能打动学生，赢得学生，让学生直接感受到所学理论有用且有趣。

4. 教师在推进课程思政建设中负有崇高的使命

课程思政的教学实施主体是具有主观能动性和实践性的教师。在学校课程思政的现实构建上，学校教师对于破除思想政治理论课的"孤岛"现象，进一步推进课程思政建设负有崇高的使命。教师尽职、尽力、尽心地开展课程思政建设，是自觉担好育人责任的坚实之道、讲好育人课程的必要之举、育好时代新人的根本之策。

（1）担好育人责任的坚实之道。我们党立志于中华民族的千秋伟业，必须培养一代又一代爱党、爱中国特色社会主义制度、立志为中国特色社会主义事业奋斗终身的有用人才，这对教育的发展目标提出了新的要求与任务。学校教师作为教育者，在课程思政的功效发挥上，具有重大的责任。中国特色社会主义社会进入新时代，办好中国特色社会主义教育，使学生坚定理想信念，需要学校课程思政教师发挥关键作用。教师是对学生进行思想政治工作的教育者，是党的理论、政策、方针的宣传者，是帮助学生成长成才的重要引导者，肩负着讲好课程思政的直接责任，在办好课程思政中起着关键作用。学校教师这一职业性质赋予了其所具有的教书育人使命，对教师的教学提出了有针对性的要求。教师的育人责任是教师在其职业发展中不可忽视的一个责任，也是学校教师作为人民教师的重要体现。开展课程思政建设，能有效解决当前教育存在"两张皮"的现象，使教师在进行知识传授的同时，也对学生的思想观念、政治观点、品德修养进行有针对性、有计划、有目的的引导，自觉承担育人责任和育人使命。

（2）讲好育人课程的必要之举。课程思政，即将思想政治教育元素，包括思想政治教育的理论知识、价值理念及精神追求等融入各门课程中去，潜移默化地对学生的思想意识、行为举止产生影响。课程思政的性质和教学目标既要求教师在教学过程中将专业知识有效内化于学生的知识体系之中，也要求教师结合教学内容和学生的实际需要，挖掘课程中蕴含的思想政治教育元素，探索人文社会科学和自然科学的整合，帮助学生树立正确的世界观、人生观和价值观。课程思政的实施效果与实施主体具有密切的关系。因此，课程思政要想取得良好的育人效果，从根本上来讲，要发挥教师的主体作用，把专业知识讲清楚，将社会主义核心价值观、中华优秀传统文化、《中华人民共和国宪法》精神、职业理想和职业道德教育讲透彻，把课程思政这一育人理念落地落实。课程思政建设是人才培养的应有之义，构成了思想政治工作体系的重要组成部分，其关乎的不仅是培养接班人的问题，更影响着国家的长治久安和社会的稳定繁荣。新时代背景下，教师讲好课程思政，充分发挥课程中的思想政治教育功能，实现德育体系的新变化，是推进课程思政建设的重要举措。

（3）育好时代新人的根本之策。党的二十大报告指出，教育是国之大计、党之大计。培养什么人、怎样培养人、为谁培养人是教育的根本问题。育人的根本在于立德。新时代中国特色社会主义教育目标，要落实立德树人根本任务，培养担当民族复兴大任的时代新人。我国是社会主义国家，学校要始终坚持社会主义办学方向，坚持立德树人，培养德智体美劳全面发展的社会主义事业建设者和可靠接班人。教育部在2020年5月28日印发的《高等学校课程思政建设指导纲要》中提出：全面推进课程思政建设是落实立德树人根本任务战略举措。可见，课程思政建设对于实现立德树人根本任务的关键作用。课堂教学是使学生增长广阔的知识，塑造健全的人格，掌握生活技能的重要方式。学校教师是课堂教学的主导者，其育人意识、育人能力和育人担当，对课堂教学的效果具有直接的影响，关系到学校立德树人根本任务的能否实现。课程思政的核心任务是培养时代新人，这既是新时代背景下教育的目标，也是我国社会发展对教育所提出的更高的要求。教师参与课程思政建设，助推课程思政与思政课程同向同行，构建全课程、全教师育人体系，改变以往重智育、轻德育的局面，有利于真正将德育落到实处，全面贯彻党的教育方针和教育理念，培育好时代新人。

二、思政课教师在课程思政建设中的角色定位

要把握思政课教师在课程思政建设中的角色定位，必须从"大思政"视野上厘清思想政治理论课与课程思政的关系。从理论层面来看，课程思政实际上是思想政治理论课在专业领域的延伸和拓展，它是基于专业课内在体系，对思想政治理论课中一般性原理、要求的深化和具体化。相较于传统的思想政治教育模式，课程思政实现了育人主体的延伸和育人载体的拓展。在这一过程中，思政课教师的角色从台前延续到幕后，发挥着价值引领、认知澄清、过程调控、评估把关等多重作用，成为全面推进课程思政建设的支撑力量。

1. 价值方向的引领者

学生是学校课程思政培养的最大群体，其价值取向直接影响着他们"为谁服务"和"怎样服务"的问题，甚至在很大程度上影响到社会发展的走势。价值塑造是实施"三位一体"人才培养目标的第一要务，课程思政要寓价值塑造于知识传授与能力培养之中，首先要解决的就是方向性问题，即"培养什么人"。这一问题的答案触及课程思政的本质和建设目标，决定着课程思政

要传递和塑造何种价值观。作为实现育人育才相统一的重要抓手,课程思政建设的价值方向必须与教育发展的现实目标和未来方向紧密联系在一起,必须服务于立德树人根本任务、服务于党和国家的发展目标。如何确保课程思政在实际开展中拨开纷繁复杂的价值迷雾,实现各类课程与思政课程同向同行,需要专门引导学生立德成人、树立正确价值观的思政课教师始终在场。具体来看,思政课教师应从本质和目标两个层面,将课程思政引向合乎担当民族复兴大任的时代新人和社会主义现代化建设要求的价值方向。

课程思政就其本质而言,是新时代学校思想政治工作的一种创新探索,必须坚持以习近平新时代中国特色社会主义思想为引领,将马克思主义的立场、观点、方法贯穿教育教学和科学研究的全过程。思政课教师是马克思主义理论学科研究的主要力量,具备扎实的马克思主义理论素养和教学本领,能够引领专业课教师理解马克思主义中国化的最新成果、党的大政方针政策、课程思政相关文件精神,加深其对课程育人要求和价值的理解。思政课教师要帮助专业课教师掌握课程思政建设中最基本、最关键的内容,促使他们对马克思主义理论真懂、真信、真用,进而在知识传授的过程中实现价值引领,真正成为塑造学生品格、品行、品位的"大先生"。

从建设目标上看,课程思政要"让学生通过学习,丰富学识,增长见识,塑造品格,努力成为德智体美劳全面发展的社会主义建设者和接班人"[①]。这一目标蕴含了专业素养过硬和政治方向坚定的双重要求。专业课程育人功能的有效发挥,必须建立在教师正确的政治导向和对专业知识的深刻把握之上。政治坚定是学校思政课教师聘用的首要标准。在事关政治原则、政治立场和政治方向的问题上,思政课教师有着更高的警觉性和鉴别力,能够帮助专业课教师划清学术问题与政治问题的界限,避免西方意识形态的价值中立陷阱;引领专业课教师在教学科研中把握正确的政治方向,提升他们开展课程思政实践的胜任力,扭转专业课教学重知识传授、轻价值引领的失衡局面。

2. 思政认知的澄清者

专业课程是课程思政建设的基本载体。《高等学校课程思政建设指导纲要》指出,开展专业化课程思政,就是要"结合不同课程特点、思维方式和价值观念,深入挖掘课程思政元素,有机融入课程教学"。这对专业课教师的

---

① 教研促教学 云端见真知——乌加河学校思政组教研活动纪实[EB/OL].(2022 - 12 - 30). http://jyj.bynr.gov.cn/info/1217/8992.htm.

思政素养和能力提出了较高的要求。许多专业课教师在学科知识的传授上游刃有余，对思政的认知却普遍存在空洞化、狭义化现象，难以准确把握其最契合、最核心的元素，正如矿工对勘探的对象知之甚少，而采掘和加工更是寸步难行。思政课教师从事着马克思主义理论学科研究和思政课教育教学双重劳动。就前者而言，思政课教师围绕中国特色社会主义、社会主义核心价值观、中华优秀传统文化等思想政治教育内容开展学术研究，从学理上展开不懈追问，用学术语言对其进行创造性的阐释，必须具备严谨的学术态度和深厚的理论基础。在课程思政开展过程中，部分专业课教师陷入生搬硬套的教条主义窠臼，在专业课程中融入的思政元素是没有灵魂的空洞概念。究其根本，是专业课教师疏于相关训练，对思政的认识较为浅显、流于表面。在思政认知的深度上，思政课教师走在前列，能够帮助专业课教师深化对马克思主义理论的理解、坚定对社会主义核心价值观的信仰、加强对中华优秀传统文化的认知。专业课教师只有对思政的认识越深入，将文件话语和教材话语转化为教学话语的能力越强，才能真正在专业知识传授和思想价值引导的多重交汇中建构意义联结。就后者而言，思政课是落实立德树人根本任务的关键课程，具有受众多元化、领域广泛化的特点。思政课教师作为思政课程教学的主要承担者，自然要主动适应思政课改革创新的要求，既做思政领域的专家，也做涉猎广泛的杂家；既要不断钻研自身研究领域，又要广泛发掘多样化的思政素材融入课程教学，让不同类型的学生都爱听爱学、听懂学会。思政课教师在思政认知广度上的优势恰好迎合了课程思政的需要。

在课程思政建设中，部分专业课教师将思政的范围狭义地理解为"政治"，在专业课程中渗透的思政元素高度同质化，引发学生的审美疲劳。思政课教师可以为专业课教师澄清认知误区，帮助他们了解思政不仅包括家国情怀、奋斗精神、知行统一、勇于实践等普适性较强的元素，还涵盖一切有助于激发学生正能量、对学生成长起积极引导作用的特色元素。在此过程中，专业课教师能够逐渐摒弃狭义化的思政认知，开阔育人思路，从学校特色、专业背景和自身经历等更广泛的渠道挖掘思政元素，增强课程的人文性和开放性。

3. 实施过程的调控者

专业课教师的道术越高，在思政内容的开发和教学方法的设计上就越游刃有余，课程思政成效就越好。但事实上，无论是专业课教师的个人素养，还是专业教师团队的整体力量，都滞后于课程思政的高要求。这就需要思政课教师发挥在课程思政内涵领会与解读上的天然优势,充当课程思政实施过程的调控者。

其一,思政课教师要在内容开发上调控。专业课程蕴含的思政元素并非被赋予、被施加的,而是专业知识体系中内生的,是能够被开发与运用的。正如地区能源分布不均,思政元素在不同课程中的比例是不均衡的;也正像自然资源的开采强调适量适度一样,思政元素的开发并非多多益善,而是要恰到好处。基于此,思政课教师要合理调控思政元素开发的范围和程度。一方面,要支持专业课教师基于一个知识点、一个教学单元、一条思路线索进行引申,深度开发蕴含在其中的思政要点,有意识地让专业知识与思政元素相互印证;另一方面,要协助专业课教师深入梳理知识体系中的思想政治教育元素,去粗取精、去伪存真。围绕教育对象的思维特点、思想疑点和关注焦点,保留真正体现时代要求、切合课程特点、回应学生关切的思政精髓,避免多而不精,适得其反。

其二,思政课教师要在方法设计上调控。思政元素在专业课程中的渗透并非碎片化的植入,而是要像盐溶于汤,能尝得出却未必看得到。然而实际教学中"一把盐、一口汤"的现象犹存,根源在于部分专业课教师对实现课程思政的方法与技巧比较陌生,找不到课堂教学与思想政治教育的触点,造成"低级红""高级黑"的负面效应。思政课教师要对课程思政开展过程中的具体方法进行调控,结合专业学科特色与优势,根据学生目前的思想水平和政治素质,与专业课教师协力沿用好办法,改进老办法,探索新办法。在此基础上,进一步拓展课程思政建设方法和途径,提高课程思政内涵融入课堂教学的水平,以达到春风化雨、润物无声的理想效果。

4. 总结评估的把关者

总结评估是思想政治教育实施调节告一段落时,对其效果所做的定性、定量的价值评判。要对课程思政开展状况和实施效果进行评价,必须确立合理的评估指标。效果指标和效能指标是两项客观评价思想政治教育实际效能的重要指标,自然适用于课程思政。但与此同时,课程思政涉及多学科多领域多层次,评估主体往往涵盖党政干部、思政课教师、学生等。不同主体对评估指标的理解具有主观差异性,做出的评价也可能不尽相同。可见在这一环节中,专业过硬的把关者是不可或缺的,思政课教师是学校思想政治教育相对权威的群体,理应充当这一角色。

一是要在效果指标上把关。效果指标是指从质上入手对课程思政成效进行定性分析评估的尺度，即对课程思政发挥作用的性质进行把关，确认其有效与否。课程思政有效性的效果指标能否达成一致，要看课程思政的实际开展是否寓价值观引导于知识传授和能力培养之中，帮助学生塑造正确的世界观、人生观和价值观。随着"大思政"格局的逐步构建，课程思政对学校思想政治教育的服务作用和支撑作用必然会越来越重要，对其要求也将越来越高。思政课教师要深入考察课程思政的运行是否将党的创新理论贯穿其中，是否坚持以社会主义核心价值观为导向，是否在坚定学生理想信念上下功夫等，这些都是学校人才培养的必备内容，因而也是衡量课程思政有效性的重要尺度。

二是要在效率指标上把关。效率指标是指从量上入手衡量课程思政所起作用程度的指标。课程思政的价值期待就是要在单位时间内，采取尽可能隐蔽的方式开展思政教育，进而产生深远的积极影响。专业课程教学是课程思政最主要的依托，专业课有其特定的教学任务，其中渗透的思政内容不能喧宾夺主。思政课教师要对课程思政的效率指标及其量化方法进行严格把关，合理评估专业课教师在课程思政实践中的投入产出比，科学计量一定时期内学生思想态度和观念认识的变化程度，深入考察由思想、认识上的积极变化所带来的具体行动及其结果。这样既能够从量上对课程思政实践水平进行总结评估，又能有效避免与思政课程"抢功"的问题。

三、全面提升教师的课程思政能力

1. 切实增强教师的课程思政意识

强化教师的德育意识，自觉有效地实施课程思政。坚持社会主义办学方向，落实学校立德树人根本任务，挖掘课程和教学方式中蕴含的思想政治教育资源，尤其需要提升专业课教师的育德意识与育德能力，使他们能够自觉且有效地在专业课教学中隐性融入马克思主义的立场、观点和方法。

（1）强化育德意识。教师教书育人最主要、最直接的方式是课堂教学，专业课教师同样也是意识形态的传承主体。教师理应自觉地成为意识形态的传承主体，必须带领学生完成对课程目标的理解与意义建构。在当代中国，中国特色社会主义核心价值观是社会主义意识形态的集中体现。专业课教师有责任和义务增强课程的理论厚度、思想深度和情感温度，自觉将马克思主义立场、观点和方法融入课程中。

（2）形成课程思政育人自觉。教师要自觉站在培养德智体美劳全面发展的社会主义建设者和接班人的高度，不仅传授学生知识、培养学生能力，更要塑造学生品格、品行和品位，担起学生健康成长指导者和引路人的责任，当好"大先生"。要充分利用课堂教学主渠道，把课程思政理念有机融入各门课程的教学和改革，坚持言传与身教相结合，为人师表，做好示范，以自身深厚的理论功底、知识、阅历、智慧和人格魅力滋养学生，寓价值观引导于知识传授和能力培养中，帮助学生塑造正确的世界观、人生观和价值观。

2. 各科教师都要树立课程思政育人理念

抓好课程思政建设，要解决好专业教育和思政教育"两张皮"问题，这就要求教师切实增强课程思政意识，形成价值塑造、知识传授和能力培养融为一体的育人理念。如果仅仅依靠思想政治理论课和思想政治教师的力量，去实现德才兼备的人才培养方式，是远远不够的。教师要深刻认识每一门课程，都须具有育人功能，要主动承担起育人责任，充分理解只有各类课程与思政课程同向同行，将显性教育和隐性教育相统一，才能形成协同育人效应，构建好"三全育人"大格局。

（1）提高专业教师对思想政治教育的认可。由于当前课程思政的理念还未在学校中完全形成共识，还没有转化成教育者的自觉行动。不论是在思想上还是专业课程中，很多教师对课程思政没有引起足够重视。因此，教师应首先从思想上清楚地认识到，每个专业、每门课程的背后都蕴含着思想政治教育的相关资源。专业教师不仅要在课堂上传授专业知识，还要将积极、正确的世界观、人生观和价值观传递给学生，引导学生主动思考、全面发展。"教育者先受教育"，学校教师应主动加强马克思主义理论的学习，全面深化思想政治教育认识，从而提升个人的思想政治素质和职业道德素养。教师只有从思想上认同马克思主义，积极主动学习马克思主义，才能将思想外化为行动，从而更加重视对学生思想政治素质的培养，将思想政治教育作为育人重要目标，所授课程内容才能更贴近思想政治教育内容。

（2）提升教师专业能力，实现全员育人。教师是课程思政的执行者，要有育人的责任担当，只有不断提高自己的政治素养和专业水平，才能在课程思政教学中引导教育学生。首先，教师在讲授专业课程时，应注重以专业知识技能为载体，从学科本位出发，找准切入点，立足本学科的专业优势。在总结专业知识特点的同时，深挖学科中蕴含的德育资源，并提炼为通俗易懂的语言。在知识传授中向学生准确传递理想信念，帮助学生树立正确的价值观。需要注意的是，在课程思政中，教师应把握专业知识教育的主体观，辅以思政教育，不能因为思政教育的融入而减弱专业教育的功能。其次，各专业教研室应充分运用小组讨论、老教师带新教师、教材教案编写、集体备课、名师示范作用等方式，对教师开展思想政治教育技能培养，鼓励专业教师深入研究课程思政，实现全员育人。

（3）把握学生学情，完善教学方法。随着时代的发展和网络技术的进步，多元文化给学生带来的冲击，不容忽视。在新媒体环境中长大的学生，带有时代的烙印，具有其独特的个性特征。教师应顺应时代发展，积极融入新媒体的环境中，利用新媒体优势，拉近与学生的距离，了解当下网络的流行趋势和学生的思想动态。根据学生的内在需求，确定相应的课程计划，完善教学方法。将社会、生活中的热点问题与课堂教学内容结合起来，融入思想政治教育，激发学生兴趣，鼓励学生思考。培养学生用知识武装自己，用行动服务社会的理想信念，引导学生树立正确的世界观、人生观和价值观。同时，课程思政不只在课堂上，而且需要与实践相结合，教师应鼓励学生走出课堂，走向社会，通过实践活动来体会真正的思想政治教育。

3. 提升课程思政育人能力

（1）提高教师的积极性、主动性和创造性。实施课程思政关键在于提高教师的积极性、主动性和创造性。当前，教师实施课程思政的积极性、主动性和创造性不高，主要是因为在相当长的一段时期，学校在考核中把"课程思政""育人"作为"标签式"的软标准，主要考核教师的教学质量、论文、课题、获奖等的数量。一方面，部分专业课教师形成了只负责传授知识或把教书等同于育人的刻板印象，课程思政意识淡薄，或受评价"指挥棒"影响，将更多的精力放在科研上，为天地立心的知识分子气节淡漠；另一方面，部分专业课教师虽具备课程思政意识，但自身课程思政能力不足，逐渐消磨了实践热情，造成思政教育与专业教育"两张皮"的现象。

实际上，"加点盐"并非难事，只要意识到课堂是为党育人、为国育才的重要阵地，清楚把握课程思政与育人的关系，形成强烈的课程思政自觉意识，不再机械地将课程思政作为额外任务，而是作为育人的本质和必然要求来看待，便会逐步主动实施课程思政，做到课程思政与思政课程同向同行。为此，应首先矫正部分专业课教师对课程思政的认知偏差。引导专业课教师认识到课程思政的价值在于立德与树人、育才与育人的完美结合；引导专业课教师深刻理解在教学中培养学生的专业知识兴趣、积淀学生的行业情感、弘扬专业精神与传授学生专业知识、培养学生专业能力是相辅相成、相互促进的关系；引导专业课教师深刻认识课程思政是回应"培养什么人、怎样培养人、为谁培养人"教育之问，担负培育时代新人历史使命，回归教育初心，提升学生人文素养、训练学生科学思维、塑造学生正确价值观的重要举措。

（2）提升教师挖掘各门课程思政元素的能力。每一门课程都蕴含着丰富的思政元素，但这些思政资源不是直接显露在课程内容之中，而是分散在各个知识点的背后，隐含在科学理论的深处，需要教师主动去发掘、加工和利用。教师需要根据课程内容和特点，充分挖掘思政元素。如教师可对国内外有关学术思想和观点做理性梳理，用中国话语阐释中国现实，用课程传播思想，完成价值引领，切实体现育人功效。教师在讲授新课时，应以马克思主义理论为指导，挖掘课程内容中包蕴着的中华文化智慧，让社会主义核心价值观自然地融入课程。理科教师可从学科特点出发，培育学生的科学精神，引导学生客观、理性地看待中国和世界，尊重专业课知识体系，用中国科学家报效国家的奉献精神，提升学生的责任意识，还可以呼应国家发展战略，结合前沿科研成果或先进技术，激发学生对伟大祖国的自豪感，使学生坚定中国特色社会主义道路自信、理论自信、制度自信、文化自信。

（3）提升课程思政教学组织能力。教师要选好、用好优秀的课程教材，组织好教学内容设计，将挖掘出来的思政元素融入教学内容中去，要找准切入点，从学科内在逻辑出发，从学生关心的现实问题入手。课堂授课要注意讲究时机，注意语言艺术，运用学生喜闻乐见的话语方式，通过案例式、探究式、议题式、体验式教学让课堂"活"起来，发挥隐性教育作用，引发学生产生情感共鸣，在不断启发中进行思想引领、价值塑造，实现润物无声。

4. 充分发挥思政课教师在课程思政中的引领作用

（1）加强思政课教师的政治和理论引领。思政课教师应该把马克思主义作为指导，利用马克思主义中国化理论来引领各科教师，最大限度地成为中国共产党执政的坚定支持者，中国特色社会主义先进文化的传播者，对自身所处的中国特色教育体系充分认同，对中国道路、中国理论、中国制度、中国文化充满自信，对自身承担的价值塑造的责任有着自觉的追求。思政课教师要树立马克思主义科学信仰，时刻保持理论上的先进性，夯实课程思政理论基础，并以马克思主义为指导，结合所授课程专业特点，有针对性地适时实施思想政治教育，实现理论和实践的有机统一。

（2）创新思政课教师的思维方式和方法。人的视野决定人的格局，格局决定结局。以马克思主义的宽广视野观察世界、分析世界、研究世界，我们就能高瞻远瞩，观大局、察大势、驭全局，对世界形势做出深刻洞察，对事物变化做出精准分析与辩证把握。在思想政治理论课教学中，运用马克思主义方法，善于从知识视野、国际视野、历史视野的宽广角度透视问题、把握逻辑、探索规律，通过生动、深入、具体的纵横比较，把原理讲透彻，把道理讲清楚，就能让教育内容飞入学生的心田。也只有不断创新思维方式和方法，才能够对其他课程的教师起到引导作用，才能够让其他课程也能够把对学生的思想政治教育融入进来，真正实现不同学科和思想政治理论课的协同育人。

（3）提高思政课教师的个人能力和水平。首先，思政课教师作为学生价值观引领的重要队伍，要强化自身的能力和水平，能够对学生进行有效的引导，尤其是在网络时代的背景下，各种网络信息充斥，思政课教师必须有能力对网络信息进行甄别，能够引导学生走向正能量，克服不好的思想，把不利的思想扼杀在摇篮中。其次，思政课教师应该学会创新，与时俱进，要不断强化创新意识，尤其是多媒体意识，把各种多媒体技术积极主动地纳入思想政治教育的体系中，融入学生的学习和生活中，真正突破惯性思维，激发学生的能力和水平，实现学生思想道德素质的提升。再次，要不断强化思政课教师的自我提升和培训。思政课教师应该积极提升自己，可以选择短期的培训，也可以选择长期的培训，从而使自己能够更好地适应新时代的发展，更好地应对新形势，提升思想政治教育工作的整体实效。

第五章

▶▶ 中学课程思政的实施与推进

第一节 明确育人目标

一、明确课程思政的育人目标

教学目标既是教师进行教学设计的依据，也是预期学生能够达到的学习效果，对明确教学方向、落实课标要求、组织教学内容、确定教学重点、选择教学方式方法、安排教学过程等起着重要的导向作用。教学目标的制定直接关系到教学活动的设计。如果教学目标不指向价值引领，就不会去考虑价值引领的实现，更谈不上设计促进价值引领的学习活动。传统的教学目标是在知识点教学中设计知识能力目标，采用"行为动词＋主题"的方式陈述。这种学习目标满足于覆盖知识和技能，聚焦的往往是比较、说明、分析等表示认知层次的动词。在这种目标下，学生获得的是知识内容，提升的是学科能力，不会关注形成正确的价值观念。而价值引领是以促进学生价值观念和态度的转变为目标的，是更高站位的学习目标，是赋予知能教学以"魂"的目标。价值引领的目标才能促进学生形成超越具体知识内容的本质性理解，增强学生对所学内容的观念认同。只有当我们确定了在知识内容学习上需要达成的价值引领目标时，才会考虑设计达成价值引领目标的教学活动。

教学目标可分为课程教学目标、单元教学目标、课时教学目标等相互联系且密不可分的几个层次。这里重点探讨的是课时教学目标。当前，思政课教师在设计教学目标时往往会出现如下问题。一是目标靶向模糊。不能凸显思政课作为落实立德树人根本任务的关键课程所体现的价值引领作用。二是目标聚焦不够。核心素养目标没有很好地融入教学目标设计,两者始终处于游离状态。三是教学目标烦冗。把教学目标设计成教学内容的缩小版。四是目标流于形式。缺乏真实的情境和真正的活动设计。诸多问题的出现与部分教师对中学思政课程性质、价值引领作用、落实立德树人关键课程功能的认识存在误区有直接关系。核心素养教学目标的制订与表述,已成为一线教师教学环节中面临的"第一难题"。

单纯的知识点教学对价值引领目标的实现显得浅薄,但价值引领的目标如果脱离知识点又容易空洞。如何明确指向价值引领的教学目标呢?

以初中道德与法治课教学为例。《义务教育道德与法治课程标准(2022版)》(以下简称"新课标")明确要求:立足核心素养,制订彰显铸魂育人的教学目标。道德与法治课程围绕核心素养,体现课程性质,反映课程理念,确立课程目标。教师应从发展学生核心素养的角度制订教学目标,将核心素养的培育作为教学的出发点和落脚点,使教学目标在培育学生核心素养方面起到指引性、规定性的作用。

核心素养是课程育人价值的集中体现,是学生通过课程学习逐步形成的正确价值观、必备品格和关键能力。道德与法治课程要培养的核心素养,主要包括政治认同、道德修养、法治观念、健全人格、责任意识。

(1)政治认同。主要表现为:政治方向、价值取向、家国情怀。培育学生的政治认同,有助于他们形成正确的世界观、人生观和价值观,坚定正确的政治方向,初步树立共产主义远大理想和中国特色社会主义共同理想,成为德智体美劳全面发展的社会主义建设者和接班人。

(2)道德修养。主要表现为:个人品德、家庭美德、社会公德、职业道德。培育学生的道德修养,有助于他们经历从感性体验到理性认知的过程,传承中华民族传统美德,弘扬民族精神和时代精神,维护国家利益和安全,增强民族气节,明大德、守公德、严私德,形成健全的道德认知和道德情感,发展良好的道德行为。

(3)法治观念。主要表现为:宪法法律至上、法律面前人人平等、权利义务相统一、守法用法意识和行为、生命安全意识和自我保护能力。培育学生的法治观念,有助于他们形成法治信仰和维护公平正义的意识,做社会主义法治的忠实崇尚者、自觉遵守者、坚定捍卫者。

(4)健全人格。主要表现为:自尊自信、理性平和、积极向上、友爱互助。培育学生的健全人格，有助于他们正确认识自我、学会学习、学会生活、学会合作，养成积极的心理品质，提高适应社会、应对挫折的能力。

（5）责任意识。主要表现为：主人翁意识、担当精神、有序参与。培育学生的责任意识，有助于他们提升对自己、家庭、集体、社会、国家和人类的责任感，增强担当精神和参与能力。

我们要从正确处理价值引领和知识学习的关系入手。价值引领要以知识学习为基础，知识学习又要指向价值引领。目前，思政课教师可以围绕学科大概念设计教学目标，因为学科大概念的提炼将原先的知能目标转化、升级为价值引领的学习目标，知识学习和价值引领的同频共振、协同发展成为可能。所以，笔者建议大家尝试开展学科大概念教学。

在确立教学目标时，我们要注意以下几点。第一，政治立场鲜明。符合马克思主义基本要求，符合中国特色社会主义基本立场，对错误的社会思潮旗帜鲜明地加以批判。第二，价值导向清晰。符合社会主义核心价值观，坚持马克思主义国家观、民族观、历史观、文化观和宗教观，符合全人类共同价值。第三，知行要求明确。要根据学生年龄特征和不同学段特点对观念认知与道德品行进行科学设计，制订具体、适切和可操作的目标，在教学中引导学生知行合一。

设计具体的教学目标时，要准确理解课程依据的基础理论、基本知识和价值规范，注意以透彻的学理分析回应学生，以彻底的思想理论说服学生，以真理的强大力量引导学生，以情感激发学生，以文化熏陶学生。

课程思政的教育理念是一种体现连续性、系统性的课程观，它不拘泥于各科专业知识的学习，而是通过将思想政治教育的目标融汇于各科的教学当中，使各门课程都能参与到学校育人的过程当中，形成一个完整的课程育人体系。课程思政的育人目标最终是要培养德智体美劳全面发展的社会主义接班人，努力为党和国家培养更多担当民族复兴大任的时代新人，以课程思政的全面质量提升带动"三全育人"工作，以育人质量的全面提升带动学校高质量发展。

具体来说，课程思政工作主要从以下六个方面下功夫。

1. 引导学生坚定理想信念

对于当代学生来说，就是要树立共产主义远大理想和中国特色社会主义共同理想。各门课程的教学任务之一，就是要积极引导学生树立共产主义远大理想、坚定中国特色社会主义共同理想。其中，思想政治理论课的教学内容设计要重在阐释共产主义远大理想和中国特色社会主义共同理想的丰富内涵、实现路径与发展要求，结合国际共产主义发展史、中国共产党党史、中华人民共和国国史，引导学生深刻认识树立远大理想、坚定理想信念的必要性与重要性，增强其树立远大理想信念的自觉性。综合素养课的教学内容设计要注重从历史、文化、社会、生态等不同视角比较分析社会主义制度和共产主义理想的优越性与先进性，让学生在人文关怀与生活感悟中体会理想信念的特殊作用，增强学生树立远大理想信念的自信心。专业课的教学内容设计要结合学科、专业和课程的特色，从专业的沿革现状与前沿的讲解中，激发学生的责任感、使命感与荣誉感，引导学生不断提升专业素养，抓住国家快速发展的战略机遇，积极寻找实现个人价值与才华抱负的成长舞台和发展机遇，提升学生树立远大理想信念的可行性。思想政治理论课、综合素养课、专业课同向发力、协同育人，不断增强学生的中国特色社会主义道路自信、理论自信、制度自信、文化自信，勇担民族复兴的时代重任。

2. 引导学生厚植爱国主义情怀

爱国是一个公民最起码的素养，也是每一位学生都应当具备的重要情怀。各门课程教学的任务之一，就是要积极引导学生理解爱国主义的内涵，厚植爱国主义的情怀，让爱国主义精神在学生心中牢牢扎根。其中，思想政治理论课的教学内容设计要重在阐释爱国主义的要义，了解爱国主义的历史意义与当代价值，正确处理好爱国、爱家、爱党与爱人民之间的关系，特别是要科学辨析历史虚无主义等错误思潮，要借助案例分析与典故教学等形式，教育引导学生热爱和拥护中国共产党，听党话、跟党走，立志扎根人民、奉献国家。综合素养课的教学内容设计要从不同课程的学科背景出发为爱国主义提供更多的理论支撑，让爱国主义在学生的心中既能顶天又可立地，特别是要注重结合学生学习生活中出现的各种不合理现象并进行分析批判，可从社会学、心理学、政治学等不同视角进行辨析，让学生形成更为清晰的认识和更为科学的认知。专业课的教学内容设计要以学科专业为依托，通过国际学科专业与产业的发展比较，增强学生投身专业研究、致力产业发展的危机感、紧迫感，鼓励学生把爱国精神投身到为国奉献的实践行动中。

3. 引导学生加强品德修养

立德树人是中国教育的根本使命，培养品德修养高尚的人才是学校教育教学的中心任务。各门课程的教学任务之一，就是要积极引导学生理解加强品德修养的重要性，踏踏实实修好品德，成为有大爱、大德、大情怀的人。其中，思想政治理论课的教学内容设计要重在阐释品德修养的内涵，理解加强品德修养的重要意义，把真善美作为终身的品德追求，要结合不同时代的要求，教育学生把握当代品德修养的核心内容，特别是把社会主义核心价值观作为当前学生品德修养最重要的任务目标，围绕国家、社会、个人三个层面进行解读和分析，引导学生积极培育、大力践行。综合素养课的教学内容设计要从国家道德、社会公德、职业道德、个人道德等视角对社会主义核心价值观进行细化，寻找社会主义核心价值观的历史溯源，分析其在伦理、法治、文化等不同领域的表现形态，引导学生科学辨识社会主义核心价值观与西方价值观的异同。对社会主义核心价值体系形成更为全面的了解。专业课的教学内容设计要不拘一格、不搞一刀切，要围绕专业特性，挖掘专业课与社会主义核心价值观的结合点，在培养方案中对各方面做出明确的规定，形成有效的指导方案。如在英语教学中，可在精读短文中，主动选取分别讲述"勇气、诚信、善良、公平、法治、文明、爱国、敬业"等主题的素材，让学生在掌握专业知识的同时，深刻领会社会主义核心价值观的要旨，不断提升自身修养。

4. 引导学生增长知识、见识

21世纪的竞争是人才的竞争，人才竞争力的核心之一就是见识与才智的较量。正如习近平总书记在全国教育大会上所说的那样，高校各门课程教育教学的任务之一，就是要"教育引导学生珍惜学习时光，心无旁骛求知问学，增长见识，丰富学识，沿着求真理、悟道理、明事理的方向前进"[1]。其中，思想政治理论课的教学内容设计要以让学生形成"四个正确认识"为主要任务，重在教育引导学生"正确认识世界和中国发展大势，正确认识中国特色和国际比较，全面客观认识当代中国、看待外部世界；正确认识时代责任和历史使命，用中国梦激扬青春梦，为学生点亮理想的灯、照亮前行的路"[2]，将中国情怀和时代特征与世界眼光统一起来，客观看待当代中国和外部世界的关系，让学生知晓个人知识、见识的增长对国家和社会的重要作用，促使其增强提升自身知识、见识的自觉性与自主性。综合素养课的教学内容设计

---

[1] 赵婀娜，黄超，吴月，等."努力做祖国和人民需要的好孩子"[N]. 黔东南日报，2022-06-01(04).

[2] 缪迅. 引导大学生正确认识世界和中国发展大势[EB/OL].(2016-12-28). http://www.rmzxb.com.cn/c/2016-12-28/1249056.shtml.

要以拓展学生见识为主要任务，整合全校教学资源，开设尽可能多、可供自由选择的不同门类综合素养课程，大力拓展学生知识面，主动加强不同学科之间的协同与交叉，让理工科学生增加人文社科知识、让人文社科学生接触理工科知识，力争实现文理交融、医工交叉，增加实践教学环节，拓宽学生视野，让学生在实践中提升运用知识的能力。专业课的教学内容设计要以增长学生知识为主要任务，发挥教学名师的育人效应，鼓励更多的教师走进一线课堂，让学生接触掌握最前沿的专业知识，要充分调动教师的教学积极性，培训其提升课堂教学水平与效果，激发学生的求知欲，教育学生扎实掌握专业知识，让学生学一门会一门、干一行爱一行，努力做到"让勤奋学习成为青春远航的动力，让增长本领成为青春搏击的能量"①。

5. 引导学生培养奋斗精神

幸福，是靠奋斗出来的。新时代中国特色社会主义的建设最需要的精神之一就是奋斗精神。高校各门课程的教学任务之一，就是要教育引导学生培育敢于担当、不懈奋斗的精神，保持乐观向上的人生态度。其中，思想政治理论课的教学内容设计要重在阐释"奋斗精神"的内涵，通过抗日战争、解放战争、新民主主义革命、改革开放、中国特色社会主义建设的历程梳理，借助"二万五千里长征""南泥湾精神""铁人王进喜精神""深圳特区建设""浦东大开发"等一系列案例的教学，帮助学生深刻理解奋斗精神的实质，要重在阐释新时代中国特色社会主义建设的历史任务与实现中华民族伟大复兴的使命担当，分析凝练奋斗精神的时代属性，与理想信念教育有机结合起来，激发学生勇担时代责任的精神。综合素养课的教学内容设计要更为注重奋斗情怀教育，不妨设立"奋斗精神"专题进行讲解，也可以把奋斗精神教育培养与乐观主义、爱国主义等专项教育结合起来，加强古今中外历史名人的案例教学，让学生在提升综合素养的过程中不断增强勇于奋斗的动力。专业课的教学内容设计要把专业知识传授与自强不息精神培养结合起来，重在引导学生不怕苦、不怕难，勇于挑战并攻克科研难题，立志成为科学研究的生力军与后备军，要大力挖掘科学大师、理论专家不懈奋斗的成长故事（材料科学专家徐祖耀院士90岁高龄还坚持每天到办公室看文献，材料科学专家潘健生院士80岁高龄还坚持到工厂一线解决技术难题），用榜样人物的成长经历

---

① 新华社. 习近平：在同各界优秀青年代表座谈时的讲话 [EB/OL]. (2013-05-05). http://www.gov.cn/ldhd/2013-05/05/content_2395892.htm.

激励学生成长,引导学生努力做到刚健有为、自强不息。

6. 引导学生增强综合素养

培养德智体美劳全面发展的人才,教育引导学生培养综合能力和创新思维,是中国教育的重大使命,也是学校各门课程教育教学的根本任务。其中,思想政治理论课的教学内容设计要重在培养"德",教育引导学生正确认识国家公德与个人私德的异同,科学处理个人利益与集体利益、国家利益之间的关系,把党和国家的需要、人民的需要作为最崇高的"德",树立远大理想信念和正确的"三观",增强"四个意识"。综合素养课的教学内容设计要重在培养体美劳,通过体育、竞赛等课程内容设计,教育引导学生树立健康第一的理念,增强体质、健全人格、锤炼意志;通过音乐、美术、文化、品鉴等课程内容设计,坚持以美育人、以文化人,提高学生审美水平和人文素养;通过社会实践、志愿服务、生产实习等课程内容设计,在学生中弘扬劳动精神,教育引导学生崇尚劳动、尊重劳动。专业课的教学内容设计要重在增长"智"。一方面,抓好课堂知识传授,把基础知识与前沿知识结合起来,让学生习得一身知识、练就一身本领,知其然,并知其所以然;另一方面,抓好知识的应用能力,把知识传授与解决问题、书本知识与实践问题结合起来,让学生成为理论知识高、动手能力强、综合素养好的高端人才。

第二节 课程思政元素的挖掘

一、课程思政元素的内涵与特征

(一)什么是思政元素?

思政元素是指将思想政治教育的理论知识、价值理念及精神追求等融入各门课程中去,潜移默化地对学生的思想意识、行为举止产生影响的因素。

课程思政中的思政元素,并不是对思政课程教学内容的复制和粘贴,也不是对思政课程教学资源的搬运和挪用,而是结合具体专业、每门课程和教学实际,深入课程教学体系、教学内容和专业特点内部,分门别类地剖析挖掘和运用独具特色的思想政治教育资源。其中包括每门课程在教学体系、教学内容、教学过程和教学方式中蕴含着的思政理念、思政内容、思政载体、思政功能、思政资源等思想政治教育要素。

课程思政元素指蕴含在专业课程知识体系中，有助于对学生开展思想政治教育、价值引导或德育培养的教育元素。通常，一切有助于更好地实现立德树人目标的资源都可以作为课程思政元素，但在具体挖掘和选用时，需要结合专业课程性质、特定教学对象及教学目标等，进行具有情境性的剖析、挖掘和运用。

（二）课程思政元素的特征

1. 课程思政中思政元素具有广泛性

推进课程思政建设的目的在于通过专业教育实现立德树人根本任务。因此，课程思政不可能脱离各类课程建设本身，需要从各类课程内在构成要素中挖掘其所蕴含的思政元素，更好地实现德育与智育的有机融合。从思政元素的基本界定可知，每门课程中都会或明或潜地存在不同形式、不同种类、不同内容的思政元素，并因为课程性质的不同、专业要求的差距、授课模式的差别、教学过程的差异，呈现出形式多样、内容丰富的特点。因此，课程思政建设应该认识到思政元素客观存在的广泛性，即每门课程都应该充分发挥立德树人的作用，善于从不同课程中探寻、发现、挖掘和运用思政元素，从各类课程的教学体系、教学内容、教学过程和教学方式中体会感悟思政元素的存在，而不是采取简单应对思维、消极模仿态度，导致课程思政建设在形式上、表达上、模式上出现千篇一律、大同小异、特色不明等问题。

2. 课程思政中思政元素呈现分散性

课程思政建设的核心点是要全面提高人才培养能力，既要提高学生的专业知识水平、理论素养和实践能力，又要完善学生的价值观念、理想追求和精神品格。因此，推进课程思政建设，只有将各类课程蕴含的思政元素充分挖掘出来，才能确保知识传授和价值引领真正实现内在统一。客观上，不同地域、不同学校的发展定位和人才目标并不相同，不同专业、不同课程的教育载体和教育资源存在差异，导致思政元素存在分散性的特点。一方面，各类课程中思政元素的存在形式、依托载体、蕴含价值、彰显理念均会以不同的样态呈现在课程之中。另一方面，即使在同一课程中，思政元素也会由于地域条件、学校定位、专业要求、教师理念的差异呈现出并非完全一致的状态。开展好课程思政建设，必须充分认识到思政元素的分散性特点，善于从地域特色、学校特点、专业特征和课程特性等方面挖掘更符合课程本身、契合学生认识、融合时代要求的思政元素，善于从课程教材、教学重点、课堂教学和社会实践等方面运用凸显专业知识、彰显价值引领、激发精神追求的思政元素，避免出现"贴标签"和"两张皮"现象。

3. 课程思政中思政元素凸显渗透性

课程思政建设并不是要取代专业教育和知识教育，而是要将思政教育渗透课程、融入教学，让学生在掌握专业知识的过程中，潜移默化地接受社会主义核心价值观教育，提高政治认同、家国情怀、文化素养、法治意识和道德修养。因此，课程思政建设中的思政元素具有渗透性特点，即课程思政以公共基础课程、专业教育课程、实践类课程为依托载体，主要采取隐性教育的方式开展教育教学，将原本蕴含在各类课程中的思政元素予以充分挖掘和科学运用，在不影响各类课程定教学目标、教学运行和教学方式的前提下，将思政元素渗透到教育教学全过程。思政元素的渗透和融入，不是大张旗鼓的，而是春风化雨式的；不是喧宾夺主的，而是随风潜入夜的；不是照本宣科的，而是活学活用的。只有深刻认识到思政元素的渗透性，将思政教育有机嵌入专业教育和知识教育，才能避免思政课建设走弯路，才能获得学生的真心喜爱和衷心认同。

4. 课程思政中思政元素贯穿全程性

推进课程思政建设，不是一时之举，不是心血来潮，更不是临门一脚，而是要将价值塑造、知识传授和能力培养三者融为一体、始终如一、贯穿全程。因此，课程思政建设中的思政元素具有全程性特点，要在专业教育和知识教育的过程之中，始终坚持把课程本身蕴含的思政元素贯穿到教育教学全过程，形成久久为功的效果。这种全过程，既要体现在教育理念上，各类课程要始终坚持立德树人根本任务，坚持育人与育德和谐统一的教学理念，时刻谋划如何从课程中挖掘和运用相关思政元素；又要体现在教学内容上，各类课程要坚持推进专业教育、知识教育和思政教育的有机统一，认真剖析本课程教学内容所蕴含的思政元素，结合不同课程特点、思维方法和价值理念推进思政元素进课堂；还要体现在教学方法上，各类课程要坚持显性教育与隐性教育的有机统一，采取符合本课程教学理念、教育目标、教学内容特点的方式方法，推进思政元素以最合理、最科学、最动人的形式出现在教学过程中。

二、专业课程思政元素挖掘的原则

专业课程思政元素的挖掘既要考虑专业课程内在知识与理论的属性，又要考虑时代与现实的需要，尤其是国家教育政策的要求及教育对象存在的突出思政问题，从而在开展专业教育的同时实现立德树人。专业课程思政元素挖掘应注意把握并坚持以下重要原则。

1. 坚持正确的政治方向原则

所有专业课程思政元素的挖掘首先应坚持正确的政治方向，确保主流意识形态在各专业课程中的主导地位，努力将学生个人价值诉求与民族复兴、国家富强、人民幸福的历史使命相结合，以期在传授知识、培养能力的同时对学生的价值观加以正确引领，实现立德树人。

2. 坚持科学联系的原则

专业课程思政教学需采取自然而然的形式，不能将思政元素强加于专业课程的知识与理论传授中，也不能牵强附会，而是要在庞大的教育体系中找到教书与育人的内在关联。否则，思政元素的融入必然出现"梗阻"情况，难以达到理想效果。这就要求专业课教师根据自身对专业知识的理解及从事专业工作的实际体会，秉持严谨的科学态度，从专业课程内容、素材或具体教学活动中挖掘潜在的思政元素，确保这些思政元素与专业课程内容、素材或具体教学活动等要素之间存在强有力的内在科学联系。

3. 坚持有效融入的原则

课程思政元素挖掘的目的是有效融入教学活动，而课程思政元素的教学融入与教师的思政元素相关知识、理论储备和应用水平、教学条件及学生的认知基础和能力等众多因素密切相关。课程思政元素挖掘的行动主体是教师，教师需要基于自身的认知高屋建瓴地对专业课程所蕴含的思政元素进行尽可能充分的挖掘，但在课程思政元素实际选用时要充分考虑学生的心理特点、认知水平与接受规律，重点选择教师自身能透彻领悟、熟练驾驭、灵活应用，同时又贴近学生、贴近实际生活的思政元素，否则容易在教学融入时出现教师弄巧成拙、牵强附会，或学生一知半解、云里雾里的尴尬局面。

4. 坚持与时俱进的原则

课程思政教育是为适应特定历史时期党和国家及社会的需要，针对特定对象的特定现实与潜在问题而开展的。党和国家在不同历史时期的工作重点、方针政策和不同历史时期我国社会所面临的国内外形势等都不同,不同时期学生所面临且需要借助课程思政教育解决的突出问题也不同。这就要求学校各专业在课程思政元素挖掘时密切关注党和国家的中心任务及社会现实需要、教育对象的特征等多方面的情况,努力做到与时俱进。此外,课程思政教育效果的达成从根本上取决于教育对象对课程思政元素的理解与接受程度,所以在挖掘专业课程思政元素时还应注意正视并考虑当代学生的接受能力、兴趣点等因素,选取他们较为喜闻乐见且符合课程思政教育目标需要的教育元素作为课程思政元素。

5. 坚持循序渐进的原则

(1) 坚持挖掘过程的循序渐进。课程思政元素的挖掘不是一蹴而就的,必须遵循一定的步骤才能有效实现。首先,必须把握课程标准所确立的课程育人目标,做到心中有数。课程标准所确立的知识目标、能力目标和德育目标,特别是德育目标实质上为后续的思政元素的挖掘指明了方向。其次,梳理课程知识内容和技能培育环节,探寻可能实现思政育人的知识点和结合点,并凝练出思政育人要素。在梳理凝练思政元素的基础上,结合课程教学目标、教学计划与教学内容合理进行统筹、筛选。最后,进行教学设计,通过科学的方式将课程思政元素自然融入教学过程中,达到润物无声、思政育人的效果。

(2) 坚持挖掘内容的循序渐进。挖掘课程思政元素需要一个从实践到认识、再实践再认识的渐进过程。因此,采取先易后难、循序渐进的策略方法,对课程思政元素的挖掘显得尤为重要。首先,要把握专业领域的历史文化这个基础。正如2019年《新时代爱国主义教育实施纲要》指出的那样,要引导人们了解中华民族的悠久历史和灿烂文化,从历史中汲取营养和智慧,自觉延续文化基因,增强民族自尊心、自信心和自豪感。其次,要抓住社会主义核心价值体系这个关键。社会主义核心价值体系是社会主义制度在价值层面的本质规定,反映了我国社会主义基本制度的本质要求。社会主义核心价值体系包括马克思主义指导思想、中国特色社会主义共同理想、以爱国主义为核心的民族精神和以改革创新为核心的时代精神、社会主义荣辱观,富强、民主、文明、和谐,自由、平等、公正、法治,爱国、敬业、诚信、友善24字社会主义核心价值观则是其凝练表达和核心要素。课程思政元素的挖掘与呈现,课程思政育人作用的发挥,要强化"在全民族牢固树立中国特色社会主义共同理想,在全社会大力弘扬社会主义核心价值观,积极倡导富强民主文明和谐、自由平等公正法治、爱国敬业诚信友善，全面推进社会公德、职业道德、家庭美德、个人品德建设"的基本要求，不断提升公民道德素质，促进人的全面发展，培养和造就担当民族复兴大任的时代新人。

6. **坚持实事求是的原则**

对于课程思政元素的挖掘，要本着实事求是的原则科学地进行，而不能演变为思想政治理论课的再教育。简单来讲，任课教师在进行课程思政元素挖掘的过程中，不能先入为主，主观臆断地设置思政教育元素。课程思政元素贵在于精，而不在于多；贵在于有效实现增强学生内在认同，而非思政元素概念的简单传递与表达。因此，课程思政元素挖掘的科学途径与有效形式，应该是根据课程知识点与教学环节，寻求思政育人结合点，凝练出思政元素。受课程性质和内容的影响，必然存在有些课程思政元素丰富而有些课程思政元素贫乏，有些章节思政元素密集而有些章节思政元素缺失的现象，均属正常。我们可在梳理出思政元素的基础上进一步进行筛选，选取重要的、贴切的、更能服务课程目标、章节目标实现的思政元素作为课堂呈现的对象，避免面面俱到。

专业课程思政元素的挖掘既是科学，更是艺术，要求专业教师主观上具有开展课程思政教学的积极意识，客观上具有挖掘课程思政元素的能力。

三、课程思政元素举例

1. **人生观、价值观**

（1）人生观。服务人民、奉献社会。

（2）社会主义核心价值观。

国家层面：富强、民主、文明、和谐。

社会层面：自由、平等、公正、法治。

个人层面：爱国、敬业、诚信、友善。

2. **理想信念**

信仰马克思主义、中国特色社会主义共同理想、共产主义远大理想。

3. **以爱国主义为核心的民族精神**

（1）爱国主义。爱祖国大好河山、爱自己的骨肉同胞、爱祖国的灿烂文化、爱自己的国家。

（2）民族精神。伟大创造精神、伟大奋斗精神、伟大团结精神、伟大梦想精神。

4. 以改革创新为核心的时代精神

（1）改革创新。思想观念：突破陈规、大胆探索、敢于创造；责任感与使命感：不甘落后、奋勇争先、追求进步；精神状态：坚忍不拔、自强不息、锐意进取。

（2）时代精神。价值追求：人民至上、以人为本、公平正义、诚信友爱；职业品格：廉洁奉公、爱岗敬业、淡泊名利、甘于奉献；科学精神：解放思想、求真务实、积极探索、勇于创新；英雄情怀：自强不息、艰苦奋斗、顽强拼搏、敢于胜利。

5. 道德修养

（1）社会公德。文明礼貌、助人为乐、爱护公物、保护环境、遵纪守法。

（2）职业道德。爱岗敬业、诚实守信、办事公道、服务群众、奉献社会。

（3）家庭美德。人格平等、承担责任、相亲相爱、尊老爱幼、男女平等、夫妻和睦、勤俭持家、邻里团结。

（4）个人品德。爱国奉献、明礼守法、厚德仁爱、正直善良、勤劳勇敢。

6. 法治素养

（1）法治思维。信仰法律、遵守法律、服从法律、维护法律。

（2）法律权利。政治权利、人身权利、财产权利、社会经济权利、宗教信仰及文化权利。

四、学科课程思政元素的挖掘

思政元素普遍存在于各类课程之中，既有明显或突出的存在样态，也有潜在或隐藏的存在样态，需要各类课程深入课程内部，充分挖掘课程思政中的思政元素。因此，思政元素的运用必须以挖掘思政元素为前提，而不是贸然采用、借用、挪用其他课程的思政元素，导致课程思政建设套模板、摆形式、走过场。

1. 坚持立德树人协同挖掘思政元素

挖掘思政元素，必须以坚持和落实立德树人根本任务为首要前提，将立德树人的要求充分贯彻在各类课程建设之中。中国教育必须始终坚持社会主义办学方向，致力于培养中国特色社会主义的建设者和接班人、担当民族复兴大任的时代新人。推进课程思政建设，需要各类课程都立足于培养德智体美劳全面发展的社会主义建设者和接班人的战略高度，坚持协同育人理念，每门课程都要秉承立德树人目标，深挖思政元素；每位教师都要肩负为国育才使命，深研思政元素。各类课程在"守渠种田"的过程中，要协同配合做好思政资源的开发与运用工作，不因具体教学任务忽略共同育人目标，不因学科特色追求忽略共同价值追求。而是要在确保合理使用的前提下，相互借鉴、相互交流、相互融合、相互支持，构建全面覆盖、类型丰富、层次递进、相互支撑的课程思政体系，确保思想政治教育融入和贯穿于人才培养的全过程，确保课程思政效果凸显在人才成长的全时段。

2. 立足"三全育人"立体挖掘思政元素

思政元素广泛性、分散性、渗透性和全程性地存在于各类课程之中，要达到价值塑造、知识传授和能力培养融为一体的教育要求，必须贯彻"三全育人"的思政工作理念，立体化开发和挖掘思政元素，而不是简单应用、呆板套用、模糊错用思政元素。一是要在全员育人中深挖思政元素，推进学校党政干部、思政工作者、思政课教师、其他各类教师协同创新，共同研究各类课程中的思政元素，最大化课程思政建设的价值追求和精神内涵。二是要在全程育人中广泛运用思政元素，推进课程思政建设深入培养目标、教学任务、课程设计、章节设定、教材选取、案例优化、实践实验、课前复习和课后交流的全过程，时时处处彰显专业知识教育所蕴含的思想价值和精神内涵，增加课程的知识性、人文性，提升引领性、时代性和开放性。三是要在全方位育人中聚合思政元素，将分散的思政元素凝练在不同课程之中，要将学生理想信念教育、法治精神养成、道德素质涵化、健康心态培育、科技素养提升、校风学风熏陶等融入所有课程教育之中，形成全方位育人的良好互动格局。

3. 结合课程建设深入挖掘思政元素

课程思政要坚持以学生为中心的建设原则，让学生在授课过程中有得学、喜欢学、主动学；让学生在成长过程中有得做、愿意做、积极做。因此，课程思政不能脱离开各类课程本身搞"空中楼阁"和"理想王国"，而是必须结合课程实际，深入挖掘原本存在的、科学合理的思政元素。一是要分门别类地开发思政元素，针对不同课程性质和教学任务，构建具有针对性、可行性、实效性的课程思政教学体系，将课程蕴含的思政元素予以充分展现。二是要有声有色地开发思政元素，针对不同课程的专业特色和教学特点，完善具有吸引力、指引力、激活力的课程思政教学内容，将课程潜在的思政元素转化创新。文科类课程要善于从经典文本、理论思辨、文化传承、实践考察中开发红色中国、大国崛起、文化自信等符合社会发展规律的思政元素，通过构建中国特色学科体系、学术体系、话语体系，弘扬正确世界观和科学方法论，展现马克思主义的理论魅力、习近平新时代中国特色社会主义思想的时代伟力；理科类课程要善于从科学精神、科技报国、实验循证、科学伦理中发掘模范人物、科技案例、大国工程等蕴含爱国为民、科技强国的思政元素，通过弘扬探索未知、追求真理、勇攀科学高峰的责任感和使命感，激发学生的家国情怀、使命担当和责任意识；艺术类课程要善于从教书育人、以美育人、人文素养中发掘时代楷模、师德标兵、人民艺术家等弘扬中华优秀传统文化、爱国主义精神的思政元素，通过培养学生传道情怀、授业底蕴、解惑能力和审美素养，激发学生提升全民族综合素质的责任感、弘扬中华优秀传统文化的使命感。

4. 依托具体实际延伸挖掘思政元素

课程思政建设既是一项系统工程，又是一项具体工作，只有适应不同学校、不同专业、不同课程的特点，坚持分类指导、坚持地域属性、坚持学科特色，才能实现统一性和差异性的有机统一，切实提升课程思政建设质量。因此，推进课程思政建设，必须坚持依托具体实际延伸性地挖掘思政元素，让一切有利于开展课程思政教学的资源和要素充分利用起来、凸显起来、鲜活起来。一是要针对专业和学科实际延伸拓展思政元素，积极深入各类课程内部要素和主动关注各类课程外部资源，将对思政元素的挖掘延伸至学科专业的历史沿革、课程建设的国际比较、课堂教学的空间拓展、实践教学的社会印证及相关学科专业的有效支撑等方面，将有利于提升专业认同和增强责任意识的各类资源通过专业课程和学科建设紧密联系起来、有效互动起来、系统组织起来，提升思政元素的丰富性和多样性。二是要针对学校和地域特色深入挖掘思政元素，充分依托学校定位和地域特点深度挖掘有利于开展课程思政的各类思政元素，将对思政元素的开发延伸至校风校训的课程融入、学校文化的氛围营造、民族风情的资源借鉴、地方发展的专业分析及红色文化的传承弘扬等方面，将有利于提高文化自信和坚定理想信念的各类资源通过课堂讲授和社会实践积极吸纳进来、科学渗透进来、有机融入进来，切实增强思政元素的吸引力和感染力。

五、科学运用课程思政中的思政元素

挖掘思政元素的最终目的在于科学运用，进而提升课程思政建设的针对性、有效性。科学运用思政元素不在于数量上的累积和叠加，而在于质量上的深入和契合，以确保课程思政与思政课程同向同行，让学生在实际教学中丰富学识、增长见识、塑造品格、坚定理想，成长为全面发展的社会主义建设者和接班人。

1. 将思政元素融入教学内容中

课程思政建设的重点是教学内容的优化、改革和创新，既要保持各类课程教学内容的科学性、系统性和知识性，又要凸显思政教育的政治性、价值性和引领性。因此，将思政元素有机融入教学内容中，让学生在接受知识教育的过程中感受文化熏陶、精神洗礼、信仰洗涤的力量，是发挥课程思政功能的关键。课程思政不是仅仅在形式上和要件上下功夫，不是衡量使用了多少思政元素、突出了多少思政理念、弘扬了多少思政价值，而是要在内容建设和内涵建设上下功夫。要通过运用好彰显本课程精神内核和价值引领的思政元素，真正把习近平新时代中国特色社会主义思想融入教材、转入课堂、化入教学，把马克思主义立场观点方法带入实践、引入实验、导入实际，让中华优秀传统文化、革命文化、社会主义先进文化进入学习过程、渗入学校生活、深入学生头脑，阐释好新时代中国道路、讲述好新时代中国故事、弘扬好新时代中国精神，教育引导学生牢固树立"四个自信"，坚定理想信念、铸牢梦想信仰。

2. 将思政元素渗透课程全过程

课程思政建设的重要载体是各类课程，是将思政元素深入渗透各类课程建设全过程，"不是要增加学时、另起炉灶，而是在现有知识讲授基础之上的画龙点睛和锦上添花"①。因此，思政元素的科学运用重点在渗透性、要点在全过程，在于始终保持一种立德树人的教学目标和"三全育人"的教育理念，将各类课程真正建设成为育人和育才相统一的中国特色社会主义大学课程。要推进课程思政建设，就要坚持运用思政元素的渗透性、长期性和系统性原则，将契合课程特质的思政元素渗透课程目标设计、教案课件编写各方面，

---

① 杨国斌，龙明忠. 课程思政的价值与建设方向 [J]. 中国高等教育，2019（23）：15–17.

融入课堂授课、教学研讨、实验实训、作业等各环节，做好统筹规划和系统设计，确保学生在接受知识教育的过程中，时时处处、方方面面都能于细微处感受到思政教育的存在和价值引领的力量。

3. 将思政元素彰显在教师魅力上

教师在实施课程思政中起着关键作用。学生往往因为一位老师爱上一门课，教师的知识结构、专业素养、科学研究对学生的影响很大，教师的理论水平、政治立场、人格魅力对学生的影响更大。因此，教师既是落实铸魂育人的关键力量，更是彰显思政价值的领军人物。要把对思政元素的科学运用充分彰显在教师魅力上。课程教师既要不断提升专业水平和教学能力，又要提升课程思政建设的意识和能力，不断深入研究本课程的思政元素，精准吃透其中蕴含的思政理念和思政内容，科学把握其中凸显的思政价值和思政追求，积极践行其中主张的思政原则和思政要求。要让有信仰的人讲信仰，让有追求的人谈追求，以自己的言传身教彰显思政元素的理论魅力、精神魅力和人格魅力，以自己的日常言行感染学生、激励学生、鼓舞学生。

4. 将思政元素体现在教育效果上

课程思政建设的最终目的是形成立德树人的教育合力，切实提升高校人才培养质量，确保培养一代又一代可靠的社会主义建设者和接班人，因此，课程思政建设的考核评估最终要落实到学生成长发展的质量上来。对于思政元素的科学运用，要紧紧围绕坚定学生理想信念，以爱党、爱国、爱社会主义、爱人民、爱集体为主线，在各类课程中适时稳妥地开展社会主义核心价值观教育，引导学生在了解世情国情党情民情的过程中增强对习近平新时代中国特色社会主义思想的政治认同、思想认同和情感认同，争做中国特色社会主义的拥护者、参与者和建设者。要以思政元素能够最终体现在学生的学习、生活和工作的日常之中为标准，让思政元素蕴含的思政价值内化为学生的思想道德品格，成为影响其一生成长发展的精神法则。

六、思政元素融入课堂的几个注意事项

第一，不是为了融入而融入，不是单纯为了完成上级的任务，而主要是为了提高课堂教学质量和育人效果。

第二，不是要在素养融入专业教学之外另搞一套，而是在原来素养融入

专业教学的基础上,借中央高度重视高校思政教育的东风,继续深化素养融入专业教学的工作,使之转化为思想文化素养融入专业教学的工作。

第三,不是每一节课程、每一个章节里都要搞思政元素的融入。思政内容不是万能的,也不是万金油。思政教育的作用只有在可以有机联系、需要视角提升的时候,用起来才更有效,才不至于弄巧成拙。但我们现在的主要问题,不是融入太多而是太少。所以广大教师要积极思考思政内容和专业课程之间可能存在的内在联系,做一个把思想素养融入专业教学中去的积极实践者。

第四,不是思政内容一定要用太多的理论术语,只要我们真正掌握和实际运用了马克思主义的立场、观点和方法,教学中可以用一点哲学术语,也可以用自己的语言把事情描述出来。此外,即使不一定都用理论术语,即使一些理性分析完全可以用自己的语言来表达,但要注意,每次进行理性分析时,最后尽量用精练的语言强调你的观点。

第三节 打造"三位一体"课程思政体系

为贯彻落实习近平提出的"办好中国特色社会主义大学,要坚持立德树人,把培育和践行社会主义核心价值观融入教书育人全过程"的重要要求,着眼"有理想、有本领、有担当"的培养目标,我们需要坚持以社会主义核心价值观为核心内容,构建全员、全程、全方位育人的高校学生思想政治教育体系。课程思政工作是当前教育事业的一项重大战略部署,需要将这一理念全方位地融入学校思想政治工作中,为学校开展思想政治工作提供新的思路,构建新的路线图。打造思想政治理论课、综合实践课、专业课"三位一体"的思想政治理论教育课程体系,突破了传统思想政治理论课单向育人理念,建构了思想政治理论课、专业课和综合实践课协同的立体化育人模式,突出显性教育和隐性教育相融通,将价值引领蕴含在知识传授和能力培养中,注重在价值传播中凝聚知识底蕴、在能力培养中体现价值内涵,在一定程度上改善了学校思想政治教育的"孤岛"情况,解决了思想政治理论课与专业课"两张皮"的问题,进而创造性地将人文与科技相结合、将思想政治理论课与专业课相结合,提高了学校思政课的实效性。因此,推进课程思政教育教学改革,要从战略高度构建以思想政治理论课为核心、以综合实践课为支撑、以专业课为辐射的"三位一体"的思想政治教育课程体系,牢牢抓住课堂育人主渠道、主阵地,将学校党建意识形态责任制落实到一线课堂,教师思想政治工作从宏观要求转化成具体的解决方案,找到实现学校"三全育人"的关键枢纽和有效抓手。

一、发挥思想政治教育核心课程作用

在学校思想政治教育课程体系中,思想政治理论课是核心、是根本、是基石。思政课质量提升是核心环节,我们要注重发挥思政课在学生社会主义核心价值观教育中的引领作用,着力增强学校思政课的实效性。深入贯彻十九大、二十大精神和全国高校思想政治工作会议精神,认真学习习近平新时代中国特色社会主义思想,以立德树人为中心环节,聚焦思政课教学重点、难点问题,共建、共享思政课优质教学资源,加强思政课教师队伍建设,不断提升思政课教学的亲和力和针对性,切实增强学生在思政课上的获得感。

用习近平新时代中国特色社会主义思想武装头脑,全面开展集体备课会,将学习习近平新时代中国特色社会主义思想作为授课内容的重中之重,实现在所有课程、全体教师、教育教学全过程的全覆盖,使学生坚定理想信念、坚定"四个自信"。扎实推进校长思政课的工作,加强学校党建和思想政治工作,有利于青少年学生从顶层设计的高度了解国情、党情、社情、民情。进一步推动领导干部上讲台,使之制度化、常态化,对于加强和改进学校党建和思想政治工作,做好学生思想政治教育,汇聚广大师生同心共筑中国梦的强大力量具有重要意义。加强学校思政教研组建设,为课程思政提供宝贵的资源库,进一步加强学科建设、师资队伍建设、课程建设、教育教学改革,发挥思政学科优势,整合力量,联合攻关,打造一系列示范课程,推出一批公开教学观摩课,有利于青少年学生全面正确地理解党的路线、方针、政策,有利于他们坚定信仰,增强社会责任感。

二、发挥课程特色,融合时代性与民族性

综合实践教育旨在现代多元化的社会中,为受教育者提供通行于不同人群之间的知识和价值观。综合实践教育重在"育"而非"教",因为综合实践教育没有专业的硬性划分,它提供的选择是多样化的。而学生通过多样化

的选择，得到了自由发挥的成长空间。可以说，综合实践教育是一种人文教育，它超越功利性与实用性。综合实践教育是现代教育理念中国化的实践过程。无论是国外与综合实践教育相关的全人教育、能力拓展训练等教育方式，还是中国贯彻多年的素质教育、德智体美劳全面发展的教育，以及爱国主义、集体主义、社会主义教育，还有培养一专多能、德才兼备的人才教育，都能涵盖在综合素养教育的范畴之中。这种包容性体现了中国的综合实践教育既有中国特色，又能面向世界。综合实践教育的理念有助于整合多样性的现代教育理念和模式，既体现时代性，又保持民族性，把现代科学技术与中国传统的文化典籍结合起来，把现代信息文明与中华优秀文化历史统一起来，对提升育人质量也有很大的帮助。

三、强化专业课育人导向

专业课是学校根据培养目标所开设的讲授专业知识和培养专门技能的课程。相比思政课，目前专业课教学对知识传授更为偏重，专业课教师的育德意识和育德能力相对较弱。要想实现课程思政改革的整体目标，就要充分挖掘专业课的育人功能，深度发挥课堂主渠道的育人作用，在知识传授中强调主流价值引领，提炼专业课中所蕴含的文化基因、价值范式及德育元素，在专业技能知识学习中融入理想信念层面的精神指引。

为此，一方面，要积极探究专业课的思政育人内涵和科学的体制机制。专业课的思政育人内涵主要是指在专业课理论知识讲授的基础上，充分结合专业课自身特色和优势，提炼其中所蕴含的文化底蕴和价值范式，通过具体、生动、有效的课堂教学载体，将专业知识传授与价值引领结合起来，实现在知识传授中提升价值引领，在价值引领中牢固知识技能，从而达到培养学生运用马克思主义基本原理分析具体社会问题的能力，教育学生如何做人、如何做事、如何成才的目的。另一方面，要不断探求专业课践行课程思政理念的一般规律，总结专业课融入思政元素的方式方法，不断健全"三位一体"的课程思政教育体系。专业课践行课程思政理念的关键是实现专业课教学与思想政治教育目标的精准对接，既不生搬硬套强加思想政治教育内容，又能将其潜移默化地融入专业课教学的全过程中。其中，找准专业课中的思政元素和资源尤为重要。以思政元素和资源为切入点，围绕课堂教学这一主线，从课程设置、课程参与主体（教师、学生）两个方面入手，逐步实现专业课的思政育人功能，最终实现思想政治理论课、综合素养课与专业课的同向同行、协同育人。概括而言，专业课践行课程思政的机制可以概括为点（专业课德育因素点）、线（课堂教学主线）、面（"三位一体"的思想政治教育课程体系）的有机结合和统一。

1. **点——挖掘专业课德育因素点**

在专业课教学中践行课程思政的理念，需要在全面关注学生的发展需求的基础上，选准思想政治教育在专业课教学中的最佳结合点，使两者有机融合，并以此为抓手推动专业知识学习与价值培育实践的有效结合。要在思想政治教育原则指引之下对专业课进行深度开发，充分挖掘和激发其中的思想政治教育内涵，科学、有序地推动专业课思想政治教育。因此，在专业课教学中践行课程思政的理念，关键和核心在于找准思政元素和资源，以无缝对接和有机互融的方式建立专业知识与思想政治教育目标的内在契合关系。

深入思考每一门专业课，都可以凝练出其在情感培育、态度选择、价值观引领等方面的教育要求，而这些要求也就是思想政治教育与专业课结合的要点。具体来说，要根据专业课的教育要求，结合课程自身特点，分别从爱国情怀、社会责任、科学精神、人文精神、品德修养等角度找准思想政治教育的因素点，设置课程思政教育目标，有机融入社会主义核心价值观、中国优秀传统文化教育、理想信念教育、爱国主义教育、道德品质教育，特别是对中国特色社会主义道路的道路自信、理论自信、制度自信、文化自信的教育内容。

2. **线——抓好课堂教学主线**

围绕课堂教学这一主线，需要从教学目标、课堂参与主体（教师、学生）两个方面入手，不断探索课程思政的有效路径和载体。

首先，课程内容的设置要在立足专业知识的基础上，推动中华优秀传统文化融入教育教学过程，明确课程建设标准，并将思想政治教育路径固化于教学目标中。其次，要结合课程内容创新教学方式方法，探索课堂教学、社会实践、网络运用等多维课程组织形式，在授课过程中结合学生特点进行科学引导。

对于教师而言，要有针对性地增强专业课教师的育德意识和育德能力。一方面，要转变专业教师的传统育人观念，提升专业课教师对课程思政的认知，消除思想误区。教学中，我们发现，目前仍有一些专业课教师对于课程思政的认识停留在思想政治理论课层面上。因此，要帮助教师明确思想政治教育与专业课之间的关系，认识到思想政治教育不仅不会影响专业课原本的专业知识教学，相反，还会提升教学的思想性、人文性，深化教学内涵。另一方面，教师自身的思想政治教育水平及文化素养也是在专业课教学中践行课程思政的理念能否有效开展的重要因素。专业课中思想政治教育要素的融入，对于教师的思想政治素养和知识积淀提出了更高的要求。如何找准专业课的思想政治教育资源与元素，实现育人目标与专业知识的精准对接，保证在专业课知识讲授的同时有效融入思想政治教育，需要专业课教师不断提升自身的思想政治素养。另外，实现思想政治教育与专业课的有机对接，需要教师能够基于思想政治教育的核心原则和内在要求，主动结合专业课的设计与教学活动的实施，深度开发教材，挖掘其中的思想政治教育内涵，在专业课中自然而然地融入思想政治教育内容，避免生搬硬套。

对于学生而言，要在专业学习和社会实践中不断接受思想政治教育的内容，提高自身思想政治素养。课程思政的落脚点要放在学生思想政治素养的发展上，引导学生形成正确的世界观、人生观和价值观。为此，要把对学生发展的评价和对课程思政工作质量的评价结合在一起。但思想政治素养的提升是一个循序渐进的过程，因此，评价应该更注重过程而不应唯结果论。可以探索建立学生思想政治素养发展档案，在课程教学过程中记录学生思想政治素养的变化，在课程结束时由教师和学生个人对学生的思想政治教育目标的实现情况进行双向评价。

3. 面——构建"三位一体"的思想政治教育课程体系

在坚持以立德树人为根本任务的前提下，通过深入挖掘专业课中的思想政治教育资源与元素，立足学科优势，实现思想政治教育目标与专业课知识点的精准对接。一方面，要围绕课堂教学这一主线，从课程设置、课程参与主体（教师、学生）两个方面入手，不断探究课程思政的有效路径和载体，努力构建起专业课、思政课、综合实践课协同的"三位一体"的思政教育教学体系，使各类课程与思政课形成协同效应，从而实现从思政课程主渠道育人向课程思政立体化育人的转化。另一方面，要根据课程思政基本要素的内在联系，把目标、主体、内容、路径等要素融合为一个有机体，协同推进思想政治理论课的显性价值引领和专业课、综合实践课程的隐性价值渗透的有机融合，在保证思想政治理论课的核心地位的同时，充分发挥其他课程的育人价值，在实现教育目标的过程中真正做到融会贯通。

第四节 开展课程思政跨学科学习

一、跨学科学习的含义

所谓跨学科学习，就是聚焦一个源自现实世界的有意义的问题，将问题转化为探究主题，运用两种或两种以上学科的观念和知识对主题持续探究，形成观念物化的产品，由此发展跨学科理解及核心素养的课程。它既是一种跨越学科边界去解决问题的学习方式，又是一类新型国家课程——在国家课程方案和课程标准中明确规定并系统设置的正式课程，学生需要运用不少于10%的学科总课时开展跨学科学习活动，且须达到要求。跨学科，即突破学科边界、在学科之间建立内在联系。广义的跨学科可依据学科融合程度分为三种主要形态。

其一，多学科：针对一个现实问题或学科问题，以一门学科为主，联合其他学科，从不同学科视角展开研究，学科之间既建立联系又保持边界。其他学科有助于加深我们对主题的理解。多学科的融合方式属于"学科+"或"学科之间"，类似水果蔬菜色拉，水果和蔬菜之间建立了联系，但又保持各自的性质。

其二，狭义的跨学科：针对一个现实问题或学科问题，将一门学科的知识或方法迁移、应用于其他学科，或将两门及两门以上学科整合起来建立一门新学科。狭义的跨学科是一门学科因融合其他学科而产生新质（新内容、新方法或新学科），其融合方式属于跨越学科，类似鲫鱼豆腐汤，既产生新内容，食材又可辨别。

其三，超学科：为了理解现实世界或解决现实生活问题，将学科知识完全整合，消除学科边界，将知识变为整体。学科的融合方式属于超越学科，恰如蛋糕，各种食材已经完全融为一体。

跨学科不只是学科组织方式的改变，更根本的是哲学认识论与世界观的革新。首先，知识具有整体性、复杂性和关系性。知识是一个有机整体，不能割裂开来。知识也不是各部分的机械组合，正如水是湿的，但每一个水分子并不是湿的，水的特性不是水分子的机械组合，而是源自水分子的相互作用，知识亦然。知识中的任何部分都依赖并影响其他部分，反之亦然，牵一发而动全身。知识在关系中存在并发展，当我们把知识划分为不同学科时，学科之间并非只有空空如也的缝隙，而是充盈生机。其次，现实世界具有整体性、复杂性与关系性。个人、社会、自然是一个有机联系的整体和复杂系统。生活不分科，现实世界中的任何问题都不是一门学科能够解决的，需要多学科合作才能应对。急剧变革的信息时代使个人和社会生活速度空前加快，社会的不确定性增大，这对人的跨学科理解和解决问题能力的要求尤其高。为发展学生的跨学科理解及核心素养，我国义务教育课程体系第一次系统设置跨学科学习。这意味着所有课程均须摒弃应试教育价值观和分科主义，让课程内容与社会生活和学生经验建立内在联系，不同课程之间围绕共同确立的现实问题或主题彼此合作，让学生学会用不同学科的概念和思维探究同一个问题，能够根据情境和问题的特点灵活选择恰当的学科视角，由此使课程体系整体走向多学科学习。再次，围绕对学生有意义的跨学科主题，以一门课程为主体，将相关课程的内容与方法迁移、应用于主题探究中，并与主体课程跨越边界、实现融合，有条件的学校也可运用校本课程开设类似 STEM（四门学科英文首字母的缩写：Science，科学；Technology，技术；Engineering，工程；Mathematics，数学）的选修课程，由此使课程体系进一步走向狭义的跨学科学习。最后，根据学生年龄、心理发展的阶段特征和个性发展需要，在不同学龄阶段设置超学科主题，让学生超越学科边界、基于超学科概念探究主题，由此发展解决真实情境中复杂问题的能力，课程体系由此走向超学科学习。从多学科学习到跨学科学习，再到超学科学习，构成跨学科学习的连续体，才能持续发展学生的跨学科理解能力及核心素养。

二、跨学科学习的价值

从跨学科学习的理念演进可以看出，其与核心素养课程目标高度契合，具有超越传统单科教学的优势和价值。

1. 发展学生高阶素养

传统的讲授教学重视知识的学习和积累，难以实现知识的运用和内化，较少关注学生与社会的联系和高阶素养的培养，学生很难适应未来社会发展的需要。跨学科学习基于真实的生活或社会情境，在解决问题的过程中应用多学科知识，有利于发展学生的问题解决、团队合作、创新创造等高阶素养。

2. 提升教师课程开发能力

设计跨学科学习任务群，教师不仅要统整本学科课程标准中的目标、内容、实施和评价，使之成为一个完整的学习链，而且要找到不同学科之间的连接点，实现知识的跨学科迁移应用。这就要求教师不仅要熟悉本学科内容，还须了解相近学科的内容，定位学科之间的连接点，并进行课程统整和设计。这有利于打破教师的学科教学惯性，开阔课程视野，更好地适应基于核心素养的课程改革。

3. 为核心素养课程改革提供新路径

核心素养是学生在解决复杂问题过程中所表现出来的正确价值观、关键能力和必备品格。与学科任务相比，跨学科学习任务对学生理解知识与灵活运用方面的能力要求更高。学生在解决跨学科学习任务的过程中，可以打破学科壁垒，融会贯通，培育学生应对未来社会工作和生活挑战的核心素养。

但是，长期以来，教师习惯于学科教学，跨学科学习任务群的设计与实施不可避免地面临种种挑战。一是跨学科知识的有效整合。学科专业化程度的加深深化了人们对学科本质的理解，同时也给跨学科知识整合带来思维惯性上的阻隔。如何选取学科间的连接点设计出具有操作性的学习任务，对习惯学科教学的教师来说无疑是一个巨大挑战。二是跨学科素养容易被学科素养边缘化。为追求跨学科学习任务的操作性，教师容易陷入活动中心的误区。设计跨学科学习任务，既需要围绕实践活动设计学习任务，同时又要避免学科中心，平衡学科素养与跨学科素养，这是另一大挑战。三是评价机制滞后。跨学科教学目前尚缺乏完善的评价机制，不足以发挥以评价促教、促学的作用。

三、跨学科学习与学科课程的关系

跨学科学习不是学科课程的简单补充或可有可无的装饰，而是对学科课程的超越与升华。首先，它根植于学科课程及相应的学科思维。倘若忽视学科思维，跨学科理解则无法形成，学生必须形成两个以上学科的学科思维并建立有机联系，才能形成跨学科理解。其次，学科课程的学习要体现整体性、复杂性，并植根于关系之中。只有当一门学科与其他学科、社会生活和学生经验建立起联系时，学生才能学得有意义、有深度。跨学科学习作为一种学习方式，需要始终应用于学科课程的学习之中。以孤立、割裂、训练的方式学习，只能掌握知识点，不可能发展学科思维，更遑论跨学科理解。再次，跨学科学习并不一定在学完学科内容之后进行，而是需要与学科学习进行整体化设计、一体化实施，伴随学科学习的始终。最后，跨学科学习是学科课程的关键要素，旨在升华学科学习的意义，深化学科理解。只有收到"10%＋90%＞100%"的功效，才称得上是真正的跨学科学习。

跨学科学习与义务教育课程体系中两门综合课程（科学和艺术）既有区别又有联系。区别在于综合课程属于学科群以内的整合，而跨学科学习则可以跨越学科群进行整合，例如可以将科学与艺术加以整合。联系在于两门综合课程倘若围绕现实世界主题展开系统探究，其本身就属于广义的跨学科学习的有机构成。

跨学科学习与综合实践活动课程相互依存、相得益彰。首先，1—12年级整体设置的综合实践活动课程总体上属于超学科学习的范畴，是广义的跨学科学习的有机构成。超学科学习的理念和方法使综合实践活动课程从常识性探究上升为超学科探究，使其根植学科思维超越学科限制，跨学科理解及核心素养成为课程目标，综合实践活动课程也因而发展到核心素养阶段。其次，综合实践活动课程与狭义的跨学科学习形成连续体，学生的跨学科学习因而得以拓展与深化。最后，小学阶段的超学科学习主要基于生活经验进行，伴随学生学科思维的发展和跨学科学习能力的提高，到高中阶段，学生又通过综合实践活动课程重新走向超学科学习，超越学科限制、理解并改造现实世界，由此实现从小学到高中的跨学科理解及核心素养的螺旋式发展。

四、跨学科学习的实施路径

跨学科学习旨在培养学生综合运用多学科知识分析、解决实际问题的能力，发展问题解决、团队合作、实践创新等综合素养。跨学科学习的教学实现，可采取如下策略。

1. 基于大概念设计驱动性问题

大概念又称大观念，是指在某一学科中居于重要地位，对学科其他内容具有统摄力、关联性的概念，是对众多知识的筛选与整合，可以是一个概念、一个观点。大概念并非指某一知识的具体概念，而是指具体知识背后更为本质、更为核心的思想或看法，它是对概念间关系的抽象表述，是对事物的性质、特征以及事物间的内在关系及规律的高度概括。

跨学科学习任务群的学习需要一个比较长的周期。这就需要学生在学习周期内始终保持较高的学习投入，而基于课时的学科单篇教学很难做到这一点。大概念指向本质，具有高阶性、中心性、迁移性和灵活性的特点。基于大概念设计跨学科学习教学，可以提高课程统整水平。将大概念转化为驱动性问题，使问题指向本质，具有开放性、黏合性和高阶性的特点，能够对学生的思维和价值观形成挑战。

2. 基于真实情境设计大任务，促进深度理解

跨学科学习仍然需要阅读抽象的文本，抽象的语言符号与知识的深度理解之间存在鸿沟，创设情境可以还原知识产生的背景，促进知识的迁移运用。真实情境既可以是真实的生活情境、社会情境，也可以是拟真的学科认知情境。同时，在一系列学习任务中，需要确定一个贯穿始终的大任务，并将其作为大概念的显性载体，使学生在完成系列学习任务的过程中，体验问题解决过程，发展自主学习能力。

3. 关注学习共同体建设

跨学科学习任务群指向高阶思维，外显为一系列进阶性的、富有挑战性的学习任务，学生不是依靠个体力量完成一系列学习任务，而是需要通过小组合作的方式，取长补短，通力合作，共同解决问题，形成高质量学习成果。教师可组织学生按照异质分组的原则，构建初步的学习共同体，在完成任务的过程中，不断优化小组合作机制，通过团队力量解决富有挑战性的问题，发展团队合作能力。

4. 需要进行系统课程设计与实施

只有进行系统课程设计与实施，才能促进学生跨学科理解及核心素养的发展。一要确定跨学科主题。教师可从新课标建议的跨学科主题中进行选择，也可基于新课标的相关要求、当地社会生活和学生发展需要，生成新的跨学科主题。二要提出跨学科概念并凝练跨学科大观念。提出理解并探究跨学科主题必不可少的关键跨学科概念，为探究跨学科主题提供概念视角；在两个及两个以上的关键跨学科概念之间建立联系，形成跨学科观念，即学生探究完本单元后形成的可迁移的跨学科理解。以跨学科大观念为基础确定单元学习目标。目标由三个部分构成：跨学科大观念、关键学科知识、关键学科能力及品格。目标确定要充分依据新课标的相关要求。三要提出跨学科引导问题。引导问题贯穿单元学习始终，引出探究线索。一般来说，可提出三类引导问题：概念性问题、事实性问题、争议性问题。概念性问题对应关键跨学科概念与跨学科大观念；事实性问题对应关键学科知识；争议性问题由更加开放的哲学性问题或实践性问题构成。四要设计真实表现性任务与评价标准。真实表现性任务是学生探究完一个跨学科主题单元后体现其跨学科理解及核心素养的"产品"；评价标准是"产品"的成功标准及评分规则，教师可与学生一起制定跨学科学习评价标准，并让学生在单元学习开始前就知晓评价标准。五要设计系列跨学科学习活动。将单元学习目标与真实表现性任务结合起来，围绕引导问题及探究线索，由浅入深设计系列跨学科学习活动，这些学习活动持续数周、数月或整个学期。因形成跨学科理解及核心素养需要较长时间，跨学科主题学习需要以大单元的形态呈现。有效实施跨学科学习需要基于学生的年龄、心理发展特征和个性发展需要，对学生正在学习的所有课程进行整体规划和设计。切忌浅尝辄止，要将不同学科10%的跨学科学习整合实施。只有将学生同时学习的各门课程的跨学科主题根据需要加以整合，使得每个学生一学期之内至多完成1～2个跨学科主题，跨学科学习才能真正走向深度学习。

总之，跨学科学习旨在引导学生超越学科边界、突破学科与生活的壁垒，进而探究和解决真实问题，培养严谨开放、包容负责的社会主义建设者和接班人。跨学科学习提供了一种新的课程视野与新的教学样态，富于整合性、前瞻性的特点决定了其难以估量的教育价值，同时又必然富有挑战性。如何充分认识跨学科学习的价值，直面挑战，进行创造性的课程设计与开发，考验着教师开拓创新的勇气和智慧。未来各位教师若能结合本土教育情境深入探索，必然可以生成一条培养创新型人才的新路。

第六章

▶▶ 课程思政的评价尝试

第一节 课程思政评价的意义、特点与基本思路

一、课程思政评价的意义

教学评价是对教师教学状况和成效的检验与建议。课程思政教学是在专业课程教学活动中挖掘、体现和渗透思政元素与社会主义核心价值观，以实现学校全员全过程立德树人的教育目标，培养合格的社会主义建设者和接班人。课程评价可有效指导教师的教学活动，是推进课程思政教学实践实施的重要环节。长期以来，由于受到传统教学意识的影响，多数专业教师误认为思政教育是思政课程教师的职责，只注重教书，忽视了育人职责，甚至认为在专业课堂进行思政教育，不仅影响专业知识传授效果，还会影响自己的科研工作，所以缺乏课程思政教学的积极性和主动性。

课程思政评价体系是对教师教学活动各环节实施课程思政教学进行的分析研究和评估，以有效测评教师课程思政教学的建设工作和实施效果，对课程思政教学起到保障、监督、诊断、反馈和调节等作用，使专业课课程思政教学有章可循，激励专业教师主动提升课程思政教学能力和教学质量。

二、课程思政评价的特点

鉴于课程思政评价存在形式、实施方式和成果表达上的特殊性，课程思

政评价表现出独特的个性。第一,课程评价与教学评价的复合。作为隐性教育的课程思政,是以渗透专业课程的方式存在和运行的,课堂教学则是课程思政由隐而显并发挥作用的主要形式,这就决定了以课程为单元的课程思政评价须立足教学评价。换言之,基于课程角度的评价和基于教学角度的评价,在某种程度上是复合的。第二,思想政治教育评价与专业课程评价有机结合。从形成路线来看,课程思政是基于挖掘—提炼—融入的路径而形成的,即寓价值观引导于知识传授和能力培养之中。因而,课程思政评价中,以课程为单元的评价、立足课堂教学的评价、学生思想政治素养发展评价应分别与专业课程评价、专业课程教学评价、学生专业素养发展评价结合起来。同时,还要与思政课程形成呼应。第三,成果表达上的过程性、多维性、综合性决定了评价材料收集应凸显痕迹性并侧重描述性。在实施课程思政的过程中,学生不仅要认知思想政治教育元素,还要基于专业角度上升到思想层面(思想启迪与价值引领),并形成运用思想政治教育知识和原理解决专业问题的能力。而上述发展是一个过程,这就要求评价必须有效反映学生思想政治素养的成长性,并凸显对上述三个维度的关注。同时,在实施课程思政的过程中,学生思想政治素养发展往往与专业知识、能力、情感、态度和价值观的发展互相促进,形成"1+1>2"的效应,并综合体现在学生的整体发展中,因而评价要凸显综合性和学生整体发展的增值性。第四,课程思政效果很难切割又必须适当切割。从成果表达上来看,课程思政与思政课程同向同行,与学生思想政治工作有机互动,与学生学业发展相互作用,共同形成学生思想政治素养发展的合力,几个方面在评价上很难做到准确切割,但课程思政改进和发展客观上又呼唤着相对科学的评价与之对应、为之服务。因而,课程思政评价往往需要多主体基于多种方式和维度开展评价,进而形成较为完整的评价结论,以有效反映课程思政的效果。

三、课程思政评价的基本思路

课程思政评价应以学生思想政治素养发展评价为圆心,渐次延展到课程思政课堂教学评价、以课程为单位的课程思政评价、专业课程思政群评价。第一,出发点和基点:学生思想政治素养发展评价。课程思政评价设计必须"坚持学生中心、产出导向",评价结果必须运用于提升学生的课程学习体验、学习效果。学生思想政治素养发展评价来源于两个方面:任课教师基于教学的评价和其他主体基于自身立场的评价。前者包括立足课堂教学的实时评价

（单次课评价）、阶段性评价（单元评价、期中评价）、基于教学全过程的评价，后者则为其他与课程思政教学相关的主体（含学生）立足评价标准（要求）、结合相关材料对学生思想政治素养发展的评价。第二，课程思政教学评价。课程思政设计是否有效、组织形式和实施方式是否科学、资源支持是否有力、教师素养能否满足教学要求，直接体现在课程思政教学上，而学生思想政治素养发展则是其最显性结果。课程思政教学评价既可以是对某次课堂教学的随机观察评价，也可以是对整个课程教学的评价。第三，指向具体课程和专业（学科）课程思政群的评价。以课程为单元的课程思政评价主要从课程的设计、组织、实施、资源、效果等方面入手，其参照系是课程思政建设相关要求：课程思政教学目标设计、思想政治教育元素挖掘与呈现（内容供给）、教学组织形式、教学材料与资源开发、围绕课程思政进行的教师素质提升（教学团队建设）及教学研究等。站在专业（学科）的角度，则应评价专业课程思政群的内在逻辑、层次和关联性，评价课程思政与思政课程的协同程度。

第二节 课程思政评价的原则、方法与体系建设

一、课程思政评价的原则

构建专业课课程思政教学评价体系可以有效推动专业课课程思政教学规范化，为学校全面实施课程思政提供保障措施和衡量标准，实现专业课程育人功能和价值引领有机统一。

在课程思政战略布局中，定方针、建体系、抓效果、推普及成为课程思政建设主线。抓效果，是为了避免应然逻辑与实然逻辑的冲突，实现课程思政改革理念与实践统一，深入去除单向德育自我遮蔽、价值失衡、教化乏力等弊端，彰显德育应然之义。作为闭环设计的课程思政评价体系必须做实、做好，这是课程思政建设战略成与败、得与失的标尺。

关于课程思政的评价聚焦关键问题，根据各类精密测评，通过大数据累积的深、广、全，实证推演、客观总结教育现状、问题、经验，揭示教育规律，及时发现修补矫正教育改革过程中存在的偏移、错漏。事实证明，只有

具有确证性、普遍性、实证性的评价体系，方能为教育决策、教育治理、绩效问责提供指引，指导实践，关乎教育未来改革方向。

课程思政评价涉及对象、范围、内容、手段、操作、反馈等。特别是量化评价使用量表、数据统计、符号、数字标识、指标，侧重分类计量、变量、效度、算法等关系的推论，而各级各类学科专业的复杂性，学校组织结构的多样性，教师队伍的差异化，以及教育主体学生诉求的个性化等，给课程思政评价体系的制定与实施带来全方位的考验。当前课程思政评价体系，存在"不愿评""不会评""评不好"的困局。

从发展站位来看，课程思政评价体系是课程思政建设质量的保障条件，是课程思政育人成效的反馈机制，必须以善终如始的态度，高度重视，全面推进。构建课程思政评价体系需严格遵循"以评促建、以评促改、评建结合、重在内涵"的原则，同时回到原点，回答"为何而评、由谁来评、评何内容"三大始基性问题。

首先，评价体系为何而评，涉及课程思政为何而生、以何而立。

当前，学校课程思政建设评价存在突出的问题。一是片面性问题。评价指标大多指向教师"教"的过程，忽视学生"学"的过程。教学的主体是学生，教学效果检验的也是学生，无论教师授课如何异彩纷呈、花样百出，都不能代表学生学得到位，这是一个最根本的问题；二是功利性问题。为了获得更高的分数，教师可能通过投学生所好，降低标准等方式以换得学生的高分评教；三是短视性问题。现有评价周期基本是一学期或一学年，但是，课程思政教育是一个通过外部影响不断接受、内化和内在观念不断提升、完善而逐渐外显的复杂过程，具有长期性、抽象性的特点。短期的教学评价难以体现真实结果。

课程思政教学效果评价体系不健全。课程思政建设到底效果如何？是教师自说自话，课上搭台唱戏、配合默契，课后曲终人散、恢复原状，还是真正实现入脑入心，实现理想信念和价值信仰方面的有益转变？目前还没有特别行之有效的检验办法。因此，研制、构建课程思政教学效果评价体系，能有效检验、测量教学效果，激励和引导广大教师及时发现教学过程中存在的问题，通过反思原因及时调整对策，从而真正提升课程思政教育的亲和力和针对性，引导广大教师更好地潜心育人。

其次，评价体系由谁来评，涉及利益相关者。此套主张差异化、精细化、个性化的课程思政成效由谁来评，这是迫切需要关注的首要命题。

课程思政评价作为对教育诸要素进行中性诊断的教育调查活动,讲究科学,执行方是谁,采用何种测法,怎样抽样,如何计分,谁来分析判断等问题,决定了教育评价的合理性和有用性。否则容易沦为排名、筛选、淘汰锦标赛制的工具。破解之道,在于多元化评价主体,平衡各方利益,将可感、可明、可释结果生成的"解释性权力"交还给利益相关者,而非单方独霸。毋庸置疑,教师、学生、学校、社会、第三方,均作为评价主体出现,由此将评价体系引入更为公平合理的轨道。

课程思政要为了、基于、围绕学生思想政治素养"增值",即要围绕学生思想政治素养发展这个中心。与之对应,课程思政评价同样要围绕学生的思想政治素养发展。第一,为了学生思想政治素养发展。作为"三全育人"布局重要组成部分的课程思政,要切实发挥作为学生思想政治教育"一段渠"和"责任田"的作用,有效促进和支持学生思想政治素养发展。课程思政评价指向课程与教学的改进,其根本目的在于以下几个方面:使课程思政设计和实施更符合学情,课程组织与教学模式更能引起学生兴趣,调动学生积极性和主动性更具有适切性,课堂教学目标设计、教学方法、教学管理等更贴近学生学习习惯、反映学生需求,最大限度上发挥课程思政在启迪学生思考和价值引领方面的作用。第二,基于学生思想政治素养发展。对学情、学习习惯、兴趣的观照程度,决定了课程思政的效能。因此,课程思政评价应聚焦以下几个方面:课程思政设计与实施是否立足学情、教学模式与方法是否符合学生学习习惯、能否激发学生兴趣、能否调动学生的主体性和积极性、能否有效提升学生的参与度和学习体验、能否和在多大限度上促进引导学生深入思考和形成最优学习效果。第三,围绕学生思想政治素养发展。课程思政内容供给要"紧紧围绕坚定学生理想信念"这一中心。因而,课程思政评价要围绕这一中心,从学生思想政治素养发展各维度展开:学生对课程中思想政治教育元素的认知与把握情况、学生基于专业角度的理想信念发展情况、学生基于专业角度对思想政治教育元素的运用能力发展情况等。

再次,评价体系评何内容,涉及课程思政如何成果化。

课程思政评价内容,究竟是侧重有纲可循的专业能力,还是核心素养、关键能力;如何设计要素评比,选择性比较如何做到无偏差;部分如何预示整体;如何针对确定性弱、不可量化之要素进行测量,如情感、价值、态度、社会同情、仁爱等;上述问题的解答,均指向应然逻辑与实然现实的视域融合,评价课程思政能否做到德智并举,个性与社会性皆备,身心康健、情感与审美充沛。构建专业课课程思政教学评价体系要注意以下原则。

1. **注重质性评价**

课程思政是隐性教育，其涉及的思想引领、价值内化、情感表达、精神提升等不适合用具体的量化指标评价。课程思政教学活动中除了可操作性较强的内容适合采用具体的量化指标来评价，思想、价值观等都需要采用质性评价方法，如行为观察、行为记录和成长记等方法，借助文字、图片和视频等揭示课程思政的教学过程、教学特质和教学效果。但质性评价可能受到主观因素的干扰而影响评价的信度和效度。

2. **注重多元评价**

随着新媒体和互联网的发展，教学模式和方法呈现多元化，如"课内＋课外""线上＋线下""理念＋行为"等方式。因此，专业教师应拓宽教学思路，润物无声地将课程思政全面融入专业多元教学的各环节，实现专业知识与价值观相融，理论与情怀并行。课程思政教学评价体系相应地也需要采用多元评价的方式。如进行小组专题讨论时，小组成员借助 PPT 和自制模型阐述研究成果，通过学生自评、互评和教师总评，对学生的知识归纳、团队协作、综合表达、批判和创新思维等能力评价；如学生参加教学实践和学科竞赛时，则对其专业知识应用、专业技能和创新能力等予以综合评价；还可以通过线上主题讨论和调查问卷等反馈信息，评价学生价值观和情怀。此外，也可以通过教师的自评、专家及教学督导的评课获得教学效果的反馈。

3. **注重发展的原则**

课程思政的本质是育人，因此，评价课程思政成效的标准即人才培养效果。育人需要一个漫长的过程，在此过程中，教师与学生相互影响、相互塑造、相互成就。教师的知识储备、能力水平、教学方式和方法等会随其教学时间和阅历不断丰富和发展；学生随年龄的增长身心各方面也不断发展变化。因此，课程思政教学评价指标应具有发展性，应把课程思政贯穿于教学目标设定、教学方法选择、教学过程实施、教学效果评价和教学反思等教学活动全过程，从发展的角度评价教师和学生教与学的全过程，开拓创新课程思政教学实践。

4. **注重形成性评价原则**

课程思政教学具有隐性化、立体化和多样化的特点，同时，学生价值观的形成和升华也是一个循序渐进的过程。因此，对专业课课程思政教学评价应由以总结性评价为主转向以形成性评价为主，关注教与学的全过程。课程思政的形成性评价是在专业课课程思政的具体实施过程中进行阶段性评价，以确保实现课程思政的教学目标、教育效果和对教学全过程予以质量监控。形成性评价注重将课程思政的教学效果评价和学习成效评价分解到教学全过程，充分运用媒介和互联网平台，对学生情感、价值观和专业综合能力等进行综合评估和考核，监督和引导学生掌握专业知识，培养学生的综合能力，提高课程思政教学中学生的综合素质。同时，及时反馈教师的教学效果，帮助教师调整和完善教学设计，提升教师的课程思政教学能力。

二、课程思政评价的方法

与评价对象相对应，课程思政评价的方法体系主要包括学生思想政治素养发展评价方法、课程思政教学评价方法和以课程为单元的课程思政评价方法。第一，学生思想政治素养发展评价的方法。注重过程增值和综合。就范式而言，诊断性评价可以明状态（不足），过程性评价能够看发展（轨迹），增值性评价利于知进步（程度），综合性评价便于显成效（结果）。其中，诊断性评价有助于教师明确当下学生思想政治素养具体情况，方法主要有纸笔测试、问卷调查和访谈法等。过程性评价有助于看清发展轨迹，代表性方法为学生思想政治素养发展档案袋评价法，与课程思政有关的轶事记录、小论文、调查或研究报告、课堂（观察）记录、个别交流记录、教学日志等，都可纳入档案袋。此外，在评价模式上可以引入目标达成模式（Goal-attainment Model，简称GAT模式）和过程模式（背景context、输入input、过程process和结果product，简称CIPP模式）。增值评价基于"投入—产出"分析理论，借助统计分析技术，追踪学生在特定时间段内思想政治素养的发展，测量其进步幅度并确定课程思政对学生思想政治素养影响的净效应。较为简单的方法就是采取前测与后测结合的方法——分别于课程学习某个时间段的起点和终点，基于专业角度从学生课程思政学习的知识、思想、能力三个维度的情况进行评价，以发现其增值情况。就综合性而言，主要包括评价主体的综合，基于学生思想政治素养发展与专业发展，从综合性的角度进行评价，明晰学生思想政治素养发展的程度。第二，课程思政教学评价的方法。教学评价的方法分有自评和他评两种模式：自评既可基于单次课堂教学，也可基于课程教学全过程；他评则可分为组织层面（或委托第三方）评价、同行评价、学生评价，具体方法有课程思政教学档案查阅法、问卷调查法、（教师、学生）座谈会、教学观察法等。第三，指向课程为单元的课程思政评价方法。与课程思政教学评价类似，基于课程的评价可以采用课程档案查阅法、问卷调查法、（教师、学生）座谈会、专家座谈会等方法。

三、课程思政评价的体系建设

课程思政评价体系建设必须始终坚持学生中心，重点解决好评价活动组织及运行方式和评价标准研制两个方面的问题。

1. 课程思政评价的组织及运行方式

课程思政评价体系建设，应从学生视角、教学视角和课程视角三个方面展开。第一，学生思想政治素养发展评价的主体及评价活动的组织。学生思想政治素养发展评价即评学，其主体包括任课教师、学生、思政课程教师、辅导教师等。就组织形式而言，任课教师评价应参照课程思政评价标准、教学目标等，以常态性评价、阶段性评价、总结性评价为主要形式。其中常态性评价主要指基于每次课堂教学的评价，这种评价更多地用于向学生提供反馈和为教师教学反思提供材料；阶段性评价和总结性评价主要是期中和期末的评价。学生自评和学生同伴评价（互评）可于期中或期末举行——这种评价往往能够真实反映课程思政对学生的思想启迪和价值引领程度。思政课程教师、辅导教师的评价可于期末开展——这种评价更为关注学生的言、行。第二，课程思政教学评价主体及评价活动的组织。课程思政教学评价主体应包括任课教师、课程思政首席教师、专业首席教师、思政课程教师、教学管理人员、学生，也可邀请课程与教学、课程思政、思政课程、教学管理等领域的专家参与。此外，也可由第三方进行评价，既可以是任课教师自评，也可以由具体课程的首席专家、课程思政专业（学科）负责人、教学管理部门、学会或研究会等组织评价。就评价形式来看，任课教师的教学评价可基于每次教学进行评价（反思）或基于完整的课程教学过程进行自评，而由其他主体发起的评价则为非常态性的，既可采取学期评价，也可对单次教学进行评价。第三，以课程为单元的课程思政评价及评价活动的组织。课程评价的主体与教学评价的主体基本一致，但在评价活动的形式上，则可采取集体评价的形式，立足于课程与教学过程材料的评价，结合教学视频、学生评学结果，形成综合评价结果及优化建议。这种评价既可以由具体课程的首席专家、课程思政专业（学科）负责人、教学管理部门、学会或研究会等组织，也可由上述组织邀请思政课程、课程思政、课程与教学等方面的专家组成的第三方进行。

2. 课程思政评价标准的研制

课程思政评价标准应实现对课程思政各要素的系统关注，并凸显以下特征：课程注重建设性、教学注重形成性、学生注重发展性。第一，凸显建设性要求的课程思政（以课程为单元）评价标准。该标准应覆盖课程思政的目标、材料、实施等维度：课程思政目标可实现和可评价程度，是否以及多大程度上符合学情，是否符合专业课程思政群的要求（逻辑），课程思政元素挖掘与提炼的科学程度，课程思政内容供给是否合理（符合学生需求），课程思政教学组织形式的适切性，课程思政实施方法与模式的科学性，等等。基于上述维度的课程思政评价标准应突出核心观察点和分级细则，以便于后续进一步优化。第二，凸显形成性的课程思政教学评价标准。课程思政教学的评价标准应包含教学目标、思政内容、教学模式与方法、教学管理与评价、教学效果、教学材料（资源）、教师教学行为与素养等维度。凸显形成性的课程思政教学评价应侧重揭示教学现状与理想目标之间的距离，发现其中存在的问题并分析其成因。因此，课程思政教学标准应侧重对教学的检视，具体观察点在实现程度上与理想目标的距离有多远、如何对标改进。第三，凸显发展性的学生思想政治素养发展标准。学生思想政治素养发展评价应基于专业角度，分两个层面从两个维度设立标准。两个层面是指基于课堂教学的实时评价和基于课程的阶段性评价。两个维度是指评价标准要涵盖学生对思想政治教育元素的认知、基于专业角度对思想政治教育知识的运用。而发展性则体现在对上述两个维度的发展采取分级描述，以便于评价者明确学生思想政治素养各维度的发展情况，并基于反思等手段改进课程与教学，优化学生的学习体验、提高学生的学习效果。

第三节 课程思政评价的指标、实施与运用

一、课程思政评价的指标

课程思政教学评价应对课前、课中、课后教学活动全过程进行评价。开展课程思政教学应遵循的教学要点可概括为"六尚"和"六忌"："六尚"即

尚勤、尚新、尚变、尚润、尚实、尚专;"六忌"即忌离、忌旧、忌僵、忌硬、忌浮、忌滥。本研究坚守课程思政教学目标,注重专业知识与价值观的融合程度和思政元素的准确切入,从教学设计、教学过程和教学效果三个方面确定课程思政教学评价指标。

1. 教学设计评价指标

教学设计即在课前根据课程培养目标和教学对象的特点,将教学活动相关要素预先安排,确定合适教学方案的设想和计划。在进行专业课课程思政教学设计时,应将正确的人生观、价值观和职业道德与专业知识、技能有机融合。教学设计评价指标应确保教学目标具体清晰、教学内容合理准确。课程思政是立足于专业的隐性教育,既要完成专业课程的知识目标和能力目标,又要增加思政教育的育人目标。教师课前应积极了解学生已有知识、技能及情感和价值观,制订出适合学生特点和需要的课程思政教学目标、教学方案、教学实施策略。教学设计中应明确列出与本课程或本次课知识点相关的思政元素、案例和切入点,以专业知识传授为主,合理安排思政元素与专业知识的讲授时间,不留痕迹地把思政教育贯穿于教学设计始终。

2. 教学过程评价指标

教学过程评价指标包括课前的教学设计是否有机融入思政元素,课中的教学方法是否采用学生容易接受的融入方式实现思政教育,课后是否进行教学反思和教学总结,是否完成课程思政的教学目标等。专业课程有其学科和专业特点,融入的思政要素也各有特色,对应的教学方法应是多元化的。因此,教师在课前应根据本课程和本次课的知识点,预先设计与之匹配的思政元素、案例和教学方法,且每位教师的知识储备、政治素养、人文素养和个人经历不同,他们完成教学活动的表现形式和方法也各有特色。在课程思政教学过程中,教师应拓宽教学思路,通过多元的教学方法,实现课内和课外、线上和线下全过程的课程思政,并将思政教育置于与学生密切相关的实践教学和主题活动中,用学生易于接受的语言和方式进行有效沟通,使学生在做和悟中学,实现知识传授和价值引领的统一。

在教学活动结束后,教师可通过收集教学信息反馈,包括学校督导组的评价和建议,教学管理者对教师、学生进行访谈后的信息,教师和学生的自评和互评,调查问卷等信息,进行教学反思和教学总结,调整并完善教学设计和教学方法,提升自身的育德能力与教学水平。

3. 教学效果评价指标

课程思政教学评价是对专业课思政教育效果和对全员育人效果的评价。课程思政教学效果评价指标应重点关注学生，包括学生专业知识和技能的获得、创新能力的提升和价值观的形成。通常采用总结性评价和形成性评价相结合的方法对课程思政教学效果进行评价，以全面评价学生的学习成效和对不同思政维度的理解与接受度。

总结性考核通常以教学目标为基准，将隐性的思政元素融入考试的开放性考题中对课程的教学活动全过程做出最终评定。同时合理设计阶段性的形成性考核，包括考核时间、考核内容和考核形式等，如精心设计线上和线下的讨论主题、教学实践、学科竞赛等考核内容，通过考查学生情感和价值观的变化，检验课程思政教学的育人成效。

二、课程思政评价的实施

课程思政评价力求系统探析学生基于专业角度的思想政治素养发展状态、轨迹及存在的问题（课程思政之"学"），洞察课程思政教学设计、实施、支持、效能等方面的具体情况及存在的问题（课程思政之"教"），揭示课程思政在目标设计、内容供给、制度机制等方面的情况及存在问题，进而实现以评促建、以评促改、以评促发展的目标。

1. 对课程思政"学"的评价

学生的"学"（思想政治素养发展）是一个循序渐进的过程，也是一个增值的过程，它综合体现在学生的知识层面、思想层面和能力层面。因而，建立起能综合体现过程性、增值性和综合性特征的评价模式，系统明晰评价的观察点，科学设计评价程序，立体呈现评价结果，是学生"学"的评价的关键问题。第一，过程模式（CIPP模式）和融目标模式（GAT模式）于一体的学生思想政治素养发展评价模式（"CIPP+GAT"模式）。CIPP模式和GAT模式皆为课程评价模式，两者的落脚点皆在于学生发展，前者重在评价学生行为实际发生变化的程度（增值）及与预设目标的距离，后者侧重发展的过程性。前者的不足在于缺乏对学生思想政治素养发展过程性的全面呈现，后者的不足在于缺乏与预设目标的比对，以至于难以科学揭示目标的实现程度。而采取"CIPP+GAT"模式，则能够全方位揭示学生思想政治素养发展的过程、增值程度及预设目标的实现程度。第二，评价观察点的选择。就学生对课程的思想政治教育元素的认知而言，其观察点应包括对思想政治教育元素内容的了解、基于专业角度对思想政治教育元素的理解；就学生思想层面发展而言，其观察点应包括学生的言论（含基于各种载体或媒介的观点性表达）、行为（主要为具有态度倾向性和蕴含价值选择的行为），学生的言行无疑折射出其思想和价值观发展情况，而部分基于专业角度或与专业密切关联的言行则能折射出课程思政对其思想启迪与价值引领的程度；就学生对思想政治教育元素的运用能力而言，主要观察点为学生基于专业角度运用思想政治教育知识的判断能力、分析能力，采取的态度和行动，等等。第三，评价的具体程序。从课程角度来看，学生思想发展评价分为以下几步：背景评价或前测（了解学生发展程度、需求等）—课程思政目标设计—课程实施过程中学生思想政治素养发展材料收集（与评价）—后测。从单次教学来看，主要分为（前次课）学生思想发展情况（表现）评价—教学目标设计（形成教学案）—教学实施—学生表现、评价与反馈。第四，评价结果的呈现：以描述性为主。如前所述，学生发展评价应该以过程性评价为主，以结果性评价为辅。过程性评价更注重形成性，即以形成性评价方式呈现，注重对学生发展的描述，客观反映课程思政教学中知识传授与思想启迪、价值引领的结合程度，以科学评价提升教学效果，以凸显产出导向和持续改进导向。

2. 对课程思政"教"的评价

课程思政教学评价的主要目的在于通过评价，帮助教师基于学生思想发展这一核心，对教学过程进行反思、改进，以保证将课程思政融入课堂教学建设全过程，更有效地激发学生学习兴趣、提升学生获得感。第一，课程思政教学的评价模式。课程思政教学在于实现对学生思想的启迪与价值引领，这就决定了它与一般意义上的教学评价有所不同。启迪和引领是一个动态的过程，而启迪与引领的实现则是一个相对可衡量和可描述的产出。因而，在评价模式上，应采取"文本评价+教学观察+客户评价"模式。该模式中，三个部分分别立足于不同角度，其中文本观察是对包括课堂教学设计（教案）、材料与思想政治教育问题的开发（深度难度）、成果（学生作业或课堂记录）、教学反思等在内的系统评价，凸显了对教学内在逻辑尤其是教学目标实现程度及影响因素的关注；而教学观察则解决了文本评价中的过程性缺失的问题，实现对教学过程动态而系统的关注；客户评价则站位于学生的体验感和获得感角度，对课程思政教学进行评价。三者的有机结合，实现了对课程思政教学过程全貌的科学评价。第二，课程思政教学的观察点。就文本评价而言，主要观察点为教案（含配套音视频）、教学材料（围绕思想政治教育元素的材料）、学生表现性材料（作业、发言与互动记录、教师课堂评价）、教学反思等。就教学观察而言，思想政治教育元素的融入方式与程度、师生互动、学生表现（兴趣激发与主体调动程度）、参与度、课堂教学管理（教师的评价与反馈等）、教学方法的适切性及创新性、教师的课程思政教学素养等。就客户评价而言，主要观察点为学生思想政治素养各维度发展（获得感）、思想政治教育元素设置的挑战度、对课堂教学中兴趣激发及主体性调动程度（体验度）、教学材料与资源支持、教师教学素养、材料与教学资源支持等。上述观察点，同样适用于部分立足线上或以线上为辅的课程思政教学。第三，课程思政教学评价程序与关注点。课程思政教学的评价，应立足文本评价和教学观察（同样需要部分教学文本支持）并辅以客户评价。因而，在程序上应该以文本评价为起点。就关注点而言，主要包括以下几个方面：是否结合不同课程特点、思维方法和价值理念，将思想政治教育目标与具体课程结合起来，形成特色课程思政教学目标；课堂教学互动是否高效并有助于提升思想政治教育进入学生精神世界的效能；教学模式与方法选取上，能否让课堂有温度、有亲和力和有感染力，使思想政治教育学习过程更愉悦，使课堂发挥最佳育人效果。

3. 以课程为单元的课程思政评价

以课程为单元的课程思政评价有三个维度，分别为反思教学角度、专业课程思政群角度和课程思政与思政课程协同角度的评价。第一，基于反思的教学视角的课程思政评价。评价主要指向课程思政的目标设计、内容供给、教学组织与实施等方面。就课程目标而言，观察点主要包括目标是否清晰和具体、是否充分考虑学情（学生在思想政治教育方面的学习基础、兴趣与学习习惯等）、挑战性（难度）、是否有利于学生思想政治素养的进阶式发展、是否与课程紧密相关。就课程材料评价而言，观察点在于课程教学材料开发是否符合内容供给要求、材料是否具有体系性、思想政治教育主题析取和问题开发能否服务于课程思政目标要求等。而课程思政教学组织与实施方面则涉及以下问题：课程思政内容与课程形式（活动课、研讨课、实践课等）的匹配度、教学模式与课程思政教学要求的匹配度、评价机制与课程目标及内容的匹配度等。第二，基于系统角度的专业课程思政群视角的课程思政评价。从系统角度来看，专业课程群内部在课程思政目标设置、内容分布上，也根据课程内容、特征而设，并在整体课程上体现出思想政治教育的进阶性、层次性和系统性。因而，基于系统角度的评价，观察点在于课程思政的目标是否符合专业课程群的部署、具体目标维度上是否符合层次性要求，如其他课程在同一目标维度上是否与本目标呈现具有内在的层进性；课程思政的内容供给是否符合专业课程群的要求，是否与其他课程保持良好的连续性和一致性；课程思政在设计上与专业课程自身的协调性、协同性等。第三，基于课程思政与思政课程协同角度的评价。课程思政与思政课程同向同行的评价分为三个维度：专业课程思政群与思政课程群的协同角度、单体课程思政与已修思政课程的关联角度、单体课程思政与同步思政课程的协同角度，观察点主要在于思想政治教育目标设计、内容、教学组织的协同性等。

三、课程思政评价的运用

课程思政评价的根本指向是提升产出，即学生思想政治素养的发展。实现这一根本目标，需要通过"评价—反思—改进"的路线，进而推动教师发展、教学改进、课程优化，提高课程思政对学生思想启迪和价值引领的效用，提升学生的学习体验度和获得感。

1. 推动课程思政主力军建设——基于评价的研究型教师的培养

推动学习型、反思型、研究型教师队伍建设，是建设高效课程思政课堂、优质课程思政体系的主要抓手，而课程思政评价是作为动力源而存在的。第一，基于"评价—反思—研究"线路的教师培养。作为一个新生事物，课程思政对很多中学教师而言是"老革命遇到的新问题"，只有不断加强课程思政建设重点、难点、前瞻性问题的研究，才能进一步积累经验，这也是课程思政建设实现"弯道超车"的关键一步。教学评价上，教师课程思政建设意识主要表现为基于目标与实效的反思能力，要求教师通过教学评价反思教学实际与预判的出入。因为任何课堂都有不可预料的新情况，看似正常的教学情景，往往潜藏着新的问题，其内容也绝非单纯地挖掘思政元素融入课堂教学，而是要求教师具有高度敏感的问题意识，主动思考、质疑并发现问题。教师在思考的过程中需要明确：这一问题产生的实践根源是什么？有哪些影响因素？又有哪些类似情景可借鉴参考？这一问题反映了理论层面的哪些困惑？哪些概念和论述可为此提供诠释？通过多维度的分析论证，对课程思政进行较为客观的评价，寻求多种解决方案，最终将最佳方案放在现实情境中进行应验。可见，在教师的课程思政建设意识中，反思能力既是一个分析论断的思维过程，也是将思想付诸行动的实践过程。教师必须以现有经验为基础不断反思，才能把握课程思政的建设精髓，创造性地推进课程思政教学实践。第二，基于"评价—反思—学习"线路的教师培养。课程思政评价中，必然涉及教师思想政治素养与教学能力等方面，其所产生的直接结果是教师对自身的反思，这种反思往往能够催生教师的学习需求和激发教师的学习欲望。从学习路径来看，主要包括两种：教师基于常态化反思的自学——这种学习一般会由问题导向学习（基于教学所涉及的具体思想政治教育问题）逐步向系统导向学习（对马克思主义基本原理和思想政治教育理论等方面的系统学习）转变；基于"评价—反思"而产生的培训需求及由组织实施的培训。显然，作为课程思政教学主力军，专业课程教师要积极转换思维，形成基于学生课程思政学习效果进行反思、改进的习惯，逐步向学习型、反思型、研究型教师转变，从而形成一批课程思政教学名师和团队。

2. 推动课程思政主渠道建设——基于评价的课程思政课堂教学内涵式发展

课堂思政教学的评价，无疑直接指向课程思政教学全过程的系统改进，并推动课程思政课堂教学内涵式发展。第一，改进课程思政的教学设计。课程思政课堂教学评价，首先指向教学设计。教师要基于这一评价，对教学设计进行调整和优化，落实到"教案课件编写各方面，贯穿于课堂授课、教学研讨、实验实训、作业论文各环节"，以确保教学设计能够保持良好的适应性，进而提升学生的课程学习体验、学习效果。第二，创新课程思政教学模式与教学方法。《高等学校课程思政建设指导纲要》提出要创新课堂教学模式，而这种创新是否适切、有效，必须借助循证模式，并遵循"循证—评价—反思—创新—再评价（循证）"的路线。因而，课程思政评价必然也必须运用于教学模式与方法的改进。唯有如此，才能推动教师基于反思、循证，对课程思政的教学过程进行研究，开发出高品质的教学材料、教学模式和教学方法体系，持续推动课程思政教学的内涵式发展，打造课程思政的高效课堂。第三，优化课程思政课堂教学管理。课程思政教学评价要运用于课程教学过程管理，帮助教师对教学管理的各环节进行系统反思，查找问题并及时进行改进。唯有基于"反思—改进"路线，持续改进课堂教学过程管理，才能持续提高课程思政内涵融入课堂教学的水平。

3. 推动课程思政的主阵地建设——基于评价的卓越课程思政体系打造

课程思政要融入课堂教学建设，作为课程设置、教学大纲核准和教案评价的重要内容，落实到课程目标设计、教学大纲修订、教材编审选用、教案课件编写等各方面。而这种融入是否有效、科学，则需借助以课程为单元的课程思政评价。第一，基于课程目标的评价与改进。课程思政评价能从学生认知、思想、能力等方面对课程思政预设目标的达成程度进行检验，该评价往往会促使教师对课程目标清晰度、具体程度、挑战性（难度）、层次性、关联性等方面进行反思，进而立足于学生思想政治素养发展的角度，对课程目标进行调整，并基于循证模式进一步开展反思与优化。第二，课程思政教学大纲优化。从逻辑上看，以课程为单元的课程思政优化，在文本上应从教学大纲开始。课程思政评价从效果层面阐明了教学大纲的科学性与有效性，为课程思政教学大纲的优化提供了支持：明确教学大纲是否符合专业课程思政的要求、是否实现了专业课程与思想政治教育的有机融合、是否体现了思想政治教育与课程的协同、教学安排（节奏）是否合理有效、教学组织形式是否适切等。基于评价的教学大纲"优化—循证—优化"，无疑将对课程思政的组织、实施等方面提供极为重要的支持。第三，课程思政教学材料的开发。课程思政教学材料尤其是辅助材料的开发，体现了教师对课程思政的理解程度。与专业紧密结合、符合课程思政课堂教学需求的教学材料的开发，对于打造精品课程思政、高效课堂，具有重要意义。而课程思政评价无疑能够对教学材料与课程思政目标要求的匹配度、教学材料与课程思政内容供给要求匹配度进行检验，并对教学材料的体系化程度、教学案例库的结构化程度进行检验，进而推动课程思政教学材料的开发。

第七章

课程思政建设的学校撷探

第一节 课程思政建设的基础优势

一、学校情况简介

巍巍银杏，沧桑百年结硕果；悠悠一中，地方教育启先河。张家港市第一中学坐落于杨舍古镇谷渎港畔，其历史可追溯到光绪二十年（公元1894年），在"与物为春"文社的基础上创立的"梁丰书院"，其"士人任之"的办学传统泽润一方学子。学校占地面积28542平方米，现共有35个班级，在校学生1700多名。在编教师125名，本科比率89%，研究生比率10.37%，市级以上骨干教师比率31.7%，4名苏州市学科带头人，2名江苏省特级教师。近年来，学校不断加大投入，美化校园环境，古典园林风格已初具规模，硬件设施不断完善，报告厅、体育馆、风雨操场、梁丰文社、学生机房、史地未来教室、劳技专用教室、美术专用教室、音乐专用教室、微格教室、学科中心、课程基地、家长驿站、心理驿站、乒乓房、舞蹈房、篮球馆等设施一应俱全。

张家港市第一中学是张家港唯一一所办于原址的百年老校，也是张家港市教育局直属初中，学校文化底蕴深厚，从这里走出了6位中科院院士。百年教育历史上，可谓桃李满天，知名校友遍布海内外。学校致力于百年老校的文化传承，衍生了"勤业慎行"的校训、"以德为本，进而成才"的校风、"务本融通，潜心涵虑"的教风和"广甄严采，馨香笃行"的学风，以"为人生幸福奠基，对民族未来负责，让每一张笑脸拥抱阳光，让每一颗心灵浸润智慧，让每一个梦想绽放精彩"为办学宗旨，逐步形成了课堂向问、德育向格、总务向勤的"三向"发展特色。多年来，学校始终秉承"勤业慎行"校训，以"为人生幸福奠基，对民族未来负责"为办学宗旨，牢固树立全员育人、全程育人、全方位育人的"三全育人"理念，积极践行课程育人、环境育人、文化育人、活动育人、实践育人、管理育人、协同育人，高度重视"思政课"建设。

近年来，学校在教育教学改革、教育质量提升、师资培养等方面进行了积极探索与实践，取得了骄人成绩：先后获得了全国数字化家育示范校、全国青少年校园足球特色学校、江苏省教育现代化示范初中、江苏省实施教育现代化工程示范初中、江苏省首批和谐校园、江苏省智慧校园示范学校、江苏省体育传统项目学校、江苏初中课堂教学改革先进学校、苏州市教科研先进学校、苏州市青少年数字公民培育计划项目学校、苏州市艺术教育特色学校、首批苏州市人工智能教育实验学校、苏州市智慧校园发展水平四星级校园、苏州市义务教育管理示范学校以及张家港市级教育、教学、教科研等各类荣誉。

二、思政学科组简介

1. 雄厚的师资队伍

张家港市第一中学初中道德与法治学科组（初中"思政学科组"，以下简称"思政组"）共有8位老师，其中硕士研究生3人、江苏省特级教师1人、苏州市学科带头人1人、张家港市学科带头人2人、张家港市教学能手3人，组内骨干教师比例87%以上，在市内外初中道德与法治学科组中遥遥领先。全组既有可独当一面、砥砺奋进的中坚力量，又有风华正茂的生力军，可以说是一支经验与活力并存、实力与潜力兼具的团队。

2. 完备的硬件设施

学校建有苏式园林的梁园、木园等育人景点、文化底蕴厚重的校史馆、道德大讲堂、法治教育的全真"模拟法庭"、德育名班主任工作室、捐助义卖的格善广场、银杏林幸福家长驿站（张家港市教育系统新时代社会实践点）、"心之舟"心理健康咨询室、张家港市"王毅名教师工作室"、特级教师王毅"张家港乡村初中思政骨干教师培育站"、苏州市道德和法治学科示范中心、江苏省道德与法治品格提升、"一校四方"的地下交通文化馆、三十多个社团活动场所、先进的网络设备等。

3. 浓厚的课改氛围

自学校成为"江苏省首批数字化学习试点学校"以来,学校全体成员都积极参与到不同年级的数字化实验班教学,现已初步探索出富有本校特色的"互联网＋小组合作"课堂教学模式,在推进课堂教学建设方面取得一定的成效。2019年12月,该模式已入选"江苏初中课堂教学改革优秀成果",在省、市区域内有一定的影响。随着高中思想政治实施"议题式教学",我校道德与法治学科组紧随其后,积极倡导并推行议题式教学。几年来,通过理论研究和实践探索,已初步探寻出初中道德与法治课"议题式教学"之路,2021年12期《初中生世界》(教学研究)"名师工作室"栏专题组稿介绍我校道德与法治学科组开展"议题式教学"情况。

4. 丰厚的科研成果

多年来,我校始终坚持科研兴教、科研强校,有着浓厚的教科研氛围。2017年以来,我校一直是苏州市教科研先进学校。特别是道德与法治学科组的每位成员不仅是教育教学高手,而且是教科研能手。先后有《"向问"课堂,引领教学新常态》《议题视域下初中道德与法治"问学"课堂》《在议题式教学中培育核心素养》《议题式教学情境优化的三个维度——以"敬畏生命"为例》《初中"课程思政"建设的探索与实践》《初中道德与法治课开展民法典教育教学撷探》等多篇论文在省级及以上刊物发表。课题研究方面:课程基地领衔人张军校长在名校长研修中主持"初中'思政课程'引领'课程思政'的实践研究";特级教师王毅主持江苏省"十二五"规划课题"初中生核心素养培育的实践研究"和苏州市教育科学规划重点课题"基于核心素养的中小学教学方式变革的实践研究"均已顺利结题;为进一步推进思政课教学方式与学习方式变革,探寻新的育人方式,张军校长和王毅副校长共同主持申报的江苏省"十三五"规划 2020 年课题"初中'思政'课议题式教学的行动研究"被确立为江苏省重点自筹课题,2021 年 12 月,已顺利通过中期检查;此外,学科组核心成员肖啸主持苏州市教育科学规划课题"指向初中生社会参与能力提升的项目化学习策略研究"已准备结题。

5. 专业的名师领航

王毅,张家港市第一中学副校长,初中思政学科领衔人,国家教育行政学院专家库成员、江苏省初中政治特级教师、江苏省"333 高层次人才工程"培养对象、江苏省教科研先进个人、江苏省教育学会会员,江苏省中小学思政育人特色学校和江苏省初中道德与法治课程基地的领衔人,苏州市"姑苏教育紧缺人才"、苏州市优秀教育工作者、苏州科技大学政治系兼职教授、市中学政治专业委员会常务理事、市教育科研课题鉴定专家组成员、市青年教师优秀指导教师、市初中道德与法治学科示范中心领衔人、道德与法治课教师培训专家库成员,三届张家港市学术指导服务团专家成员、苏州市大中小学思政课一体化建设先进学校领衔人、苏州市"思政领航"四有好教师团队领衔人、张家港市中学政治特级教师工作室领衔人。教育部德育精品课和"一师一优课"部优获得者,省、市初中思想品德优质课、基本功竞赛一等奖获得者。多次开设县、市级示范课,在市内外开设教育、教学、教研专题讲座 60 多场。经常担任道德与法治教师赛课、教师选拔工作评委并三次参加中考命题,多次参加市县模拟中考、期中、期末命题工作。在《教学与管理》《思想政治课教学》《中学政治教学参考》等全国中文核心期刊及省级刊物上发表论文 40 多篇。参与教育部课题研究 1 项,主持江苏省规划办课题 5 项,其中 2020 年之前结题的江苏省规划课题主要有:"十五"期间的"中学政治课活动教学实践研究"、"十一五"期间的"初中开展社会主义荣辱观教育的实践研究"、"十二五"期间的"初中生核心素养培养的实践研究"。"十三五"期间主持的课题有:江苏省重点自筹课题"初中思政课议题式教学的行动研究"、江苏省规划办立项课题"初中道德与法治新教材真实情境下问题解决能力的实践研究"和苏州市教育科学规划重点课题"基于学生核心素养的中小学教学方式变革研究",这三项课题分别在 2022 年、2020 年和 2021 年顺利结题。主编《课堂在线》《走近中考·政治》,参编了教学用书 6 部,被北师大出版社评为"优秀主编"。经常受邀参加市内一些学校的课题研究、课程基地建设、品格提升工程、前瞻性项目的申报、鉴定工作。

第二节 课程思政建设的学校探索

一、注重思政课程的价值引领

（一）强化对学生的思想引领

1. 了解和研究学生的思想实际

习近平总书记在全国高校思想政治工作会议上指出：思想政治工作从根本上说是做人的工作，必须围绕学生、关照学生、服务学生，不断提高学生思想水平、政治觉悟、道德品质、文化素养，让学生成为德才兼备、全面发展的人才。当代中学生是我国社会主义事业的接班人和建设者，是与我国的改革开放同行、与中国特色社会主义事业发展并进的后备军。学生健康成长是我们思政课建设的出发点和落脚地，因此，初中道德与法治课要树立以学生为主体的教学理念，做到以人为本、立德树人，遵循教书育人规律，遵循学生成长规律，不断提高工作能力和水平，重学生、关心学生、服务学生、帮助学生，深入研究学生的思想观念、价值取向、行为方式、情感需求，切实解决学生的思想和认识问题，加强教学的针对性，为学生点亮理想的灯、照亮前行的路。

2. 向学生传递社会主义核心价值观

在思政课教学过程中，教师必须发挥主导作用，在课堂上向学生传递社会主义核心价值观。价值观引领仅仅靠嘴上去说往往是空洞的，要想做好思政课的价值引领，需要思政课教师自身信仰坚定、态度虔诚、认真严谨、方法多样，给学生树立从"经师"到"人师"的榜样。

在新媒体技术蓬勃发展和网络空间浩如烟海的今天，初中学生面临着各种社会思潮的冲击，思政教师如果自身价值观不正确、不坚定，则难以抵御错综复杂、多元流变的社会思潮的持续浸染。因此，思政课教师应以课堂教学的价值引导为底色、以实践教学的现场体验为契机，帮助初中生深刻领悟社会主义核心价值观的重要意义和科学内涵、促进他们真切体验社会主义核心价值观的凝聚力和引领力，引导他们牢固坚持社会主义核心价值观自信，始终坚持以人民为中心的立场，自觉将人生精力汇入服务人民、奉献社会的时代洪流。

3. 用实现中华民族伟大复兴点亮理想之光

实现中华民族伟大复兴是中国人民共同的梦想。它是以习近平同志为核心的党中央在坚持和发展社会主义、科学研判国内国际形势的基础上所绘制的中国梦，是党和国家郑重的政治宣言，是勉励中国人民行稳致远的不竭源泉，是指导中国人民砥砺前行的精神旗帜。青少年正值树立理想信念的关键时期，思政课教师应把握时机、善用模范的力量，激励他们坚定马克思主义信仰、坚守中国特色社会主义信念、坚持中华民族伟大复兴中国梦的信心，鞭策他们从习近平新时代中国特色社会主义思想理论中汲取营养，帮助他们点亮理想之光，引导和唤醒他们将个人理想与中国梦紧密结合的高度自觉，在实现中华民族伟大梦想的过程中激活青春力量、实现个人价值。

（二）开发实现价值引领的学科任务

思政课和其他学科存在很大的区别，它不仅要解决学生"懂不懂""会不会"的问题，还需要解决学生"信不信""行不行"的问题。这对学科任务的设计提出了更高的要求。如果学科任务不能有效促进价值引领的实现，那价值引领的目标就会落空。以往惯常的材料式情境更多的是试题的课堂翻版，教学成为变相的纸笔测试过程，而单纯的完成练习的过程是难以促进学生价值观念转变的。价值引领要依靠具有鲜明的价值引领导向的任务。尤其是表现性任务的完成过程来实现。为此，我们要开发有利于实现价值引领的学习任务，科学安排学习活动过程。设计不同于纸笔测试题的表现性任务，就成为实现价值引领的重要环节。思政课教学实现价值引领的过程是一个说服的过程，但并不是简单地通过分析案例说明道理。停留在以案例说明道理的教学是不能促动学生心灵的。因此，我们要更多地思考让学科任务从"说明"走向"说服"，即由对材料中的知识进行归纳说明转向促进学生在知识运用中的态度转变的说服。价值引领的实现首先需要增强任务的真实性，将学生置身于真实或者拟真的社会问题场景中，让学生在真实任务的完成中实现价值引领。其次要通过设计表现性任务，不再把学生置于被说服者的位置，教师不再是说教者，而是更多地让学生在任务完成过程中说服自己，说服别人。

价值引领的目标是在知能目标上"多迈一步",价值引领的议题是在知识议题上"多挖一层",价值引领的任务是在知识任务上"多动一点"。这使得强化价值引领既不是维持原状,也不是另起炉灶,而是在原有基础上的迭代。学生在完成表现性任务中"学习知识内容",在学习知识内容中"形成核心观点",在形成核心观点中"实现价值引领",知识学习和价值引领才能实现有机统一。

(三) 明确思政课价值引领的基本要求

价值引领涉及作为引领者的教师、引领对象的学生以及引领的过程和方式。教学中,我们要从教师知识观的转变、学生心理状态的把握、引领过程的调整等方面加以思考,掌握价值引领的基本要求。

1. 挖掘知识意蕴,实现课程价值

忽视价值引领的重要原因在于作为价值引领主体的教师认为知识学习和价值引领是冲突的,价值引领会影响知识学习。要解决这一问题,需要正确认识和处理知识学习和价值引领的关系。价值引领不是抛开知识学习,而是建立在知识学习基础上的。但这里所说的知识不是单纯的知识点,而是以学科大概念统领的知识;这里的知识学习不是单纯的知识表层符号的学习,而是知识表层符号、中层的思维方法和内层的价值观念的统一体的知识学习。文以载道,每个知识的背后都蕴含着相应的价值取向,例如,我们现在倡导的学科大概念就是要挖掘出了知识的意蕴,它基于知识又高于知识,为价值引领找到了引领点。

2. 充分进行铺垫,适时开展引领

教育心理学认为,价值引领是促进人的态度和观念的转变,这一转变有其形成机制,需要经历一个较为复杂的过程。这一过程涉及认知成分、情感成分和行为倾向成分。在教学中实现这一转变需要我们做好知识的、情感的逐层铺垫,价值引领才可能自然而顺畅、水到渠成。这要求我们将价值引领贯穿于教学过程的每个环节。每个环节都指向既定的价值引领方向,每个环节都为价值引领目标的实现进行不同的铺垫,充分体现"引"有过程,"领"有方向。这样才能避免"贴标签式"价值引领的生硬和机械。以"感受生命的意义"的教学为例,教师不是直接呈现教材中生命意义的答案,而是将"世界保尔""中国保尔"等几个真实案例,让学生去欣赏、分析、感悟案例中人物事迹,明确人生的意义。通过学生讲述自己生命中的一些为帮助别人的故事，分享这些故事对自己的意义，这样，学生从内心真正感受自己生命的意义。在这样教学过程中学生对"人为什么活着"原因有了理性的认知，真切地感受到怎样的一生才是值得的，正是在这一步步的教学活动的思考、分析、感悟中促进了生命意义的价值引领。

3. 深入学生思想深处，触及学生心灵

学生是活生生的社会的人，他们在与社会的接触中对很多问题已经初步形成了自己的观点。特别是有些初中学生的观点是缺乏理性思考的，有些是片面的，甚至是偏激的。要对他们强化价值引领就要关注他们内心世界，走进学生的思想深处。我们要从学生的心理状态、认知困惑出发，思考如何作出科学解释、合理回应，实现价值引领。只有在师生的心灵相通中，才能达成观念相容，从而有效地实现价值引领。

二、上好"大思政课"，当好引路人

"大思政课"是在思政课的宗旨下，遵循思政课的教育规律，基于人的思想政治素养形成与发展规律，以学生学习生活和成长发展为时空维度，集合课内课外、校内校外、线上线下全时空领域鲜活思政教育素材丰富思政课内涵，拓展社会教育资源和实践教育渠道，创新教学方法，构建起纵向贯穿大中小学全学段、横向贯通学校与社会全时空的思政课。"大思政课"之大，大在是一门社会大课、一项系统工程，要求善用"大"的资源、汇聚"大"的合力。"大思政课"是新时代学校思政课改革创新的必然趋势，更是新时代青年健康成长和全面发展的根本要求。

为深入贯彻落实习近平总书记关于"大思政课"的重要指示批示和在中国人民大学考察时的重要讲话精神，教育部颁布实施了《全面推进"大思政课"建设的工作方案》。学校应紧紧围绕学生主体，从课堂、校园、家庭、社会等四大维度着手，深入挖掘思政课实践教学形式的时代性、创新性，使思政课实践教学驶入行稳致远的"快车道"。

1. 立足课堂实践教学，把课堂教学作为思政课实践教学的主渠道

第一课堂是思政课实践教学的主要战场，承担着思政课实践教学的重要任务。把握好课堂实践教学，是推动思政课实践教学落地落实的重要基石。新时代"大思政课"建设与运用要突出课程思政属性、思政元素的有机统一，注重系统性和整体性相结合，坚持分类指导和精准施策相结合，自觉遵循思

想政治工作规律、学生成长规律、思想政治工作特点和教书育人规律，在此基础上，科学识变、主动应变、积极求变，创新教学方法才能充分发挥思政课主渠道作用。一是有效衔接"三全育人"工作。新时代"大思政课"建设与运用要与学校"三全育人"工作要求相结合，与当今经济社会发展趋势相结合，着力解决学生思想问题、心理问题和行为问题，切切实实服务青少年学生成长成才。二是大力推广网络思想政治教育平台。充分运用大数据、互联网、人工智能等新技术，用好超星学习通、微信公众号等网络新媒介优势，广泛吸收借鉴思政课网络资源，强化学习过程管理，为学生提前提供课堂所需优质延伸阅读学习资料、及时发布课堂网络平台任务、跟进布置完成课后作业创造条件，提高学生的学习积极性，引导学生积极自主学习、高质高效完成学习。三是持续推进思政"金课"建设。扎实开展集体备课，让全体教师在备课过程中共同参与和讨论，并进行教学研究。策划组织思政课"舞台剧""移动课堂"，参与研究性学习等教学形式，引导学生融入课堂，吸引学生主动参与到思政课教学中来，使学生在喜闻乐见的教学实践活动中学有所得，使课堂教学"活"起来。为此，课堂教学必须做到：一要明确课堂实践教学目标。立德树人是思政课实践教学的重要目标。传统思政课实践教学属于封闭式教学模式，其特点是"教师是主体、教材是基础、课堂是载体"；"大思政课"背景下的思政课实践教学属于开放式实践教学模式，其特点是"学生是主体、实践是基础、课堂是载体"，努力打造更具灵活性、开放性、创新性的思政实践教学课堂。课堂实践教学通过一系列实践教学内容，培养学生的积极性和主动性，提高思想道德素质，厚植民族精神和爱国情怀。二要丰富课堂实践教学内容。习近平总书记曾指出，要着力打造融通中外的新概念、新范畴、新表达，讲好中国故事，传播好中国声音。因此，思政课堂实践教学要以"故事思政"作为基点，通过学生自主讨论、课堂辩论、案例分析、学生课堂讲课（模拟教学）等实践教学方式，让学生将课堂知识与生活实际、经验相联系，让课堂知识教学得到延伸和发展，使学生在实践课堂中丰富知识，增长才干。三要完善课堂实践教学考评。有效的课堂实践考评方式是落实实践教学内容的重要保障。在课堂评定过程中要明确考核对象、考核方式、考核标准等要素，制定教学效果测量表和考核评定表，对教育教学的各个环节进行评价、督查，并依据相应的激励奖惩机制进行奖赏惩处，不断提高课堂教学效果和人才培养质量，实现思政课堂实践教学的高质量发展。

2. 开展校园实践教学，把校园活动作为思政课实践教学第二课堂

校园活动是教育教学的第二课堂，也是思政课实践教学的重要抓手。各校要同时把握两大抓手，使思政课实践教学与校园文化建设犹如鸟之两翼、车之两轮，缺一不可。一是树立校园实践教学理念。校园实践教学作为第二课堂，是更具灵活性、丰富性、实践性的教学形式，在传统课堂之外发挥着重要作用。在新时代思政课程建设中，各学校要建立有效的机制体制，在"协同育人"的育人理念下实现第一课堂与第二课堂的共建共享，在常态化教学中发挥育人优势，凝聚育人合力，在思政课实践教学中利用资源整合的优势，切实提高第二课堂的教学质量。因此，我们必须深刻认识到校园实践教学的教育意义，摒弃只注重传统课堂的教育观念，充分发挥第二课堂的教学作用。二是丰富校园实践教学内容。各学校紧扣思政课实践教学目标和要求，构建思政课"大实践"模式。校园实践可以依托学生社团、学生协会等，开展歌唱比赛、宣讲比赛、主题征文比赛、微电影比赛、读书笔记评比、课本剧表演等。学校将思政课教学蕴含在一系列校园实践活动中，以各式各样的活动为重要载体，让学生在如沐春风的教育中提升综合素质、培养健全人格。三是建设校园实践教学基地。在"大思政课"背景下，校园思政课实践教学基地建设呈现不断发展的趋势，为思政课实践教学改革和提升课程质量提供了全新思路。学校应当充分调动思政资源，打造综合体验式教学、互动式教学、议题式教学、项目式教学、专题式教学等为一体的教学基地。营造沉浸式教学环境，让学生在实地参观的过程中提高人文素养，传承红色基因，发扬爱国、爱党、爱民族的精神，切实提升自身理想道德素质。

3. 回归家庭实践教学，把家庭教育作为思政课实践教学坚实保障

家庭思想政治教育是思政教育的重要内容，也是思政课实践教学的坚实保障。习近平总书记强调，家庭是人生的第一个课堂，父母是孩子的第一任老师。如何在"大思政课"背景下拓展家庭教育的价值性，如何发挥好家庭实践教学的基石作用，是当下思政课实践教学面临的重要课题。一是建立优质线上平台。实现家庭教育与学校思政课实践教学的联动，需要利用好网络这一重要载体。家长可通过网络平台与教师联系，咨询教育问题，防止走进家庭教育误区。教师可在平台上直播授课、录制微课，为家长提供更多的教育资源。网络平台的建立，能拓宽思政工作新途径，实现家庭与学校教育的联袂，彰显出"家庭思政课"的教育魅力。二是确立家庭教育辅导员。各校

家庭辅导员通过开展家访、育人讲堂、亲子关系课堂等"网格化"服务，既向家长传授家庭教育理念和方法，又吸引思政教师加入其工作行列，实现家校教育形成一体化共同体，激发思政实践教育的活力。三是拓展家庭教育外延。家庭教育在空间上不应仅仅局限在家庭里，可以进一步延伸至社区。如成立首个社区家庭教育服务站，根据社区群众需求，免费派驻高级家庭教育指导师、心理咨询师及社工等专业团队，开设家教沙龙、家庭教育大讲堂、家教讲师团、亲子教育体验活动等线下活动，为家长提供针对性的教育指导，解决家长"教不来""管不好"等难题。

4. 落实社会实践教学，把社会实践作为思政课实践教学重要载体

社会实践是思政课实践教学的重要载体，实现了社会教育与学校教育的动态联袂。"大思政课"即打破时空的限制，让思政课的内容和形式都呈现"大"的形态。学校要紧扣思政课实践教学目标和要求，构建思政课"大实践"模式，利用暑期实践活动、志愿者服务、家乡社会调查等实践活动，开展多样化的思政课实践教学。一是搭建"双实践"即校内外活动平台。在"社会大课堂"中，既要给专业技能提供教学机会，又要充分发挥思政课教学的实践性，使学生既提升自身的学科技能，又从社会实践中开阔视野、增长才干、提升素质。二是制定"大思政"实践主题。"大思政课"是教育时代背景，也是思政课实践教学的重要主题。学校在此背景下，依据不同学科的教学进度和教学目标，以拓宽视野、增长知识、涵养美德、提升品质、提高能力等为最终目的，制定符合学生认知和具有现实意义的主题活动。

三、坚持"六个下功夫"

培养社会主义建设者和接班人是我们教育的根本任务。习近平总书记在2018年9月召开的全国教育大会上强调，"要在坚定理想信念上下功夫""要在厚植爱国主义情怀上下功夫""要在加强品德修养上下功夫""要在增长知识见识上下功夫""要在培养奋斗精神上下功夫""要在增强综合素质上下功夫"。这"六个下功夫"，为做好新时代青年人才的培养工作指明了方向。

1. 在坚定理想信念上下功夫

青少年的理想信念关乎国家未来。培养新时代青少年人才，首先要加强对学生的理想信念教育，其次要加强中国历史特别是党史、时事政策教育等，引导青少年正确认识世界和中国发展大势，从我们党探索中国特色社会主义历史发展和伟大实践中，认识到中国共产党是伟大、光荣、正确的党，从小需要听党话、跟党走，认识和把握中国特色社会主义的历史必然性，逐步树立为共产主义远大理想和中国特色社会主义共同理想而奋斗的信念和信心。

2. **在厚植爱国主义情怀上下功夫**

深厚的爱国情怀是青少年成长成才的精神动力。在中华民族5000多年绵延发展的历史长河中，爱国主义始终是激励我国各族人民自强不息的强大力量。要引导青少年树立正确的历史观、民族观、国家观，把爱国与爱党、爱社会主义结合起来，始终做到爱国的深厚情感、理性认识和实际行动一致，与祖国同呼吸、共命运，立志听党话、跟党走、扎根人民、奉献国家。

3. **在加强品德修养上下功夫**

深入开展爱国主义教育、国情教育、国家安全教育、民族团结教育、法治教育、诚信教育等，引导青少年自觉树立和践行社会主义核心价值观，明大德、守公德、严私德，追求有高度、有境界、有品位的人生，引导学生积极投身社会实践，通过各类实践调研和志愿服务活动，走进社会、走进基层，感受时代脉动、思考社会问题，培养责任心和公益心。

4. **在增长知识见识上下功夫**

过硬的知识见识是青少年成长成才的牢固根基。青少年不但需要注重知识的积累，也要注重思维的锤炼、见识的增长。学习是成长进步的阶梯，实践是增长见识的重要途径。要教育引导青少年多关注世界形势及其发展变化，全面客观认识当代中国、看待外部世界，成为具有中国情怀和全球视野的人才。

5. **在培养奋斗精神上下功夫**

昂扬的奋斗精神是青少年成长成才的应有风貌。新时代是奋斗者的时代。青少年学子只有在辛勤劳动和不懈奋斗中锤炼坚强的意志品格，培养奋勇争先的进取精神，历练不怕失败的心理素质，才能始终以乐观主义的人生态度面对一切困难和挫折，把奋斗精神融入学习、融入日常、融入各类实践活动中，以时不我待、只争朝夕的精神更好担负起时代赋予的使命。

6. **在增强综合素质上下功夫**

良好的综合素质是青少年成长成才的时代要求。唯有全面发展，才能让一代代青少年心灵更丰盈、精神更饱满、人格更完善、能力更彰显。提高青少年的综合素质，需要在综合能力、创新思维、文明素养的培育等方面下更大功夫。通过更高质量的综合教育，培养出更多体格强健、精神刚健、有文化修养、有人文关怀、有创造活力、有人格魅力的时代青少年。

四、筑牢思政教育主阵地

1. 开足开齐思政课

学校把思政课建设摆在基础教育改革发展更加突出的重要位置，严格按照省中小学课程设置方案落实思政课课时，配齐配强思政课教师，按照《义务教育思想品德课程标准》的要求，开足开齐思政课。为深入推动习近平新时代中国特色社会主义思想进教材、进课堂、进学生头脑，学校根据《习近平新时代中国特色社会主义思想教学指导方案》，本学期，在初二年级每周增加一节课，专门开设"习近平新时代中国特色社会主义思想学生读本（初中版）"课程，用习近平新时代中国特色社会主义思想铸魂育人，增强思政课学习的系统性、实效性，有效落实立德树人根本任务。

2. 抓好教学改革关键

加强思政课与专业课程之间的融合，大力推进思政课程与课程思政建设；坚持理论课与实践课程统一；坚持问题导向，围绕学生关注的事件、面临的困惑等开展专题研究，将教学重点、社会热点和学生疑点有机结合，把学生在日常生活中遇到的困惑讲透彻、讲清楚，引导学生坚持正确的政治立场和政治方向；实施"移动思政课堂"项目，建立红色文化实践教学基地，开展"校地互促·师生互动"思政课暑期社会实践，不断完善和丰富思政课程体系。通过推进融入网络、融入课程、融入实践"三融入"教学改革，为思想政治工作注入"融"动力，化解思想政治工作"洼地效应"，把正确政治方向、价值取向、育人导向贯穿到办学治校的全过程，切实做到全程育人、全方位育人、全员育人，取得了一定成效。

3. 落实"一线规则"

学校领导每学期带头听思政课，对口联系思政课教师，参与思政课集体备课，并上讲台为学生讲授思政课；学校建立校领导带头"听、备、讲"的"全链条"抓思政课体系。校长张军把握学校思政课教育工作的方向和目标，定期带领全校教师尤其是思政课教师认真学习上级思政课相关文件，领会其精神，并具体落实到教学、科研和管理的全过程；校长、副校长带头开设思政示范课，其他校领导及各学科骨干教师率先开设示范课，校领导经常参加教研组听评课及集体备课活动，对思政课教师的授课内容、授课计划和教学实践各环节严格把关。

4. 强化师资建设

首先，专家指导，加强顶层设计。成立学科示范中心创建专家指导小组，邀请省市课程专家和思政学科专家不定期来校指导，以完善顶层设计，引导道德与法治学科示范中心项目深入高效开展。其次，转变教师教育教学观念。变革教学方式，就要先改变教师的教学思维方式。通过"请进来与走出去"、教师培训、学科教研等形式，逐步将学科组教师由惰性思维变为积极思维、变线性思维变为立体思维、抑惯性思维，扬创造性思维，让教师主动意识到思维方式转变，才能真正改变自己的教学观念，观念转变，才能付诸教学实践，实现从勤奋教学走向智慧教学。再次，名师引领，提升专业素养。与市内外初高中"思政名师工作室"合作，对初中道德与法治课教学进行补充和拓展。发挥"王毅特级教师工作室"、"心之舟"心理志愿者服务站和"银杏林幸福家长驿站"育人作用，组建思政课程专业育人团队，推选道德与法治教师参加省市道德与法治学科各项比赛及教育教学研修会等培训活动，促进团队专业发展。吸纳众多教师跨学科参与，普及道德与法治在各学科统整实施水平。最后，资源整合，合力打造品牌。利用共建学校的优质资源，对道德与法治学科示范中心项目提供支持。

5. 打造"向格德育"品牌

学校在推行"共享阳光，分担风雨，健康成长，德润一生"的"阳光德育"基础上，结合百年校史，提出了富有本校特色的"向格德育"。通过日常"向格之星"评选、开展"向阳而立，向格而行""怒放青春，向格成长""青春如歌，实践优格""诵读经典，向格飞扬""以诚筑格，爱心永续""开学第一课：强国有我，思政先行""团队展风采、红心永向党"等系列活动，积极构建格调、格致、格韵、格量、格善、格业、格尚"七格"德育体系。2020年11月17日，《中国教育报》"教改风采"栏目以《择高而立，向"格"而行——江苏省张家港市第一中学德育发展侧记》为题，专题报道我校的"向格德育"。《江苏教育》2020年第75期封三专题介绍我校的"向格德育"。同年12月3日，分管德育的王毅副校长代表苏州市在江苏省初中学校"文明礼仪与学校文化"研讨会上就我校的"向格德育"做专题发言，通过视频、图片和文字方式，向全省130所初中学校分享了我校"向格德育"文化建设经验，受到与会领导和同行的高度赞扬。2020年12月10日，《苏州日报》融媒体以"张家港市一中创建发展'向格'德育特色品牌"为题，让我校的"向格德育"成为特色品牌。

6. 加强课题研究

加强学理支撑，组织习近平新时代中国特色社会主义思想、高中思想政治课程标准、"思政课程引领课程思政"等专项研究，将学科前沿、最新科研成果引入课堂教学，增强教学内容的理论阐释力和现实说服力。目前，我校"思政"学科组开展的课题研究有：校长张军在名校长研修中主持"初中'思政课程'引领'课程思政'的实践研究"课题研究。

7. 构建思政育人体系

学校道德与法治学科组要充分发挥课程、实践、文化、心理、网络、科研、管理等方面工作的育人功能，挖掘育人要素，完善育人机制，优化评价激励，强化实施保障，着力构建"大思政"育人体系。

（1）课程育人。

成立初中思政课程教学研究中心，大力推动以"课程思政"为目标的课堂教学改革，优化课程设置，完善教学设计，实现思政教学与其他学科教学的有机统一。加强习近平新时代中国特色社会主义思想"三进"工作，举办"思政"课"时事大讲堂"，开设"名师示范课堂"，打造一批思政课程精品。建设课程思政示范课程，尝试开展课程思政教学改革，充分挖掘和运用各门课程蕴含的思想政治教育元素，打造一批课程思政精品。加强课堂教学质量监测与评价，强化教学过程和教学考核要求。建立初中思政理论读书社，积极构建思政第二课堂教学。

（2）实践育人。

坚持理论教育与实践养成相结合，整合课内外各类实践资源，丰富实践内容，创新实践形式，拓展实践平台，强化项目管理，完善支持机制。深化实践教学改革，增加实践教学比重。上好《道德与法治》教材中每课的"拓展空间"，充分利用"道德讲坛"和"法治长廊"、法治社团等校内实践活动。深入开展"十个一"活动（一次爱国主义教育活动、一次志愿者服务活动、一次社会调查活动、一次捐赠活动、一次有意义劳动、一次参观学习活动、一次节日庆典活动、一次校外拓展活动、一次旅游研学活动、为他人办一件实事）。

（3）文化育人。

注重以文化育人，深入开展中华优秀传统文化、革命文化、社会主义先进文化教育，践行和弘扬社会主义核心价值观，优化校风学风，繁荣校园文化，建设优美环境，滋养师生心灵，涵育师生品行。深入开展培育践行社会主义核心价值观教育活动，推动社会主义核心价值观落实落细落小。加强校园书香文化环境建设；开展"我们的节日""高雅艺术进校园""传承红色基因"等主题活动。以"向格德育"为统领，深化校园文化品牌创建，开展师生喜闻乐见的校园文化活动。开展各类评选表彰活动，选树先进典型，加强推广宣传，发挥榜样示范引领作用。

（4）心理育人。

坚持育心与育德相结合，加强人文关怀和心理疏导，深入构建教育教学、实践活动、预防干预、平台保障的心理健康教育工作格局。开设心理健康教育课程。通过"心之舟"心理志愿者服务站和"银杏林幸福家长驿站"，加强学生心理健康教育和思想道德教育，引导学生从小树立正确的世界观、人生观、价值观，形成积极向上的意志品质和自我调适能力。启用在线辅导，积极运用新媒体开展心理健康教育与宣传。

（5）网络育人。

加强校园网络文化建设与管理，拓展网络平台，丰富网络内容，净化网络空间，优化成果评价，推动思政育人与信息技术高度融合。规范师生网络行为，加强师生网络素养教育，引导师生增强网络安全意识。繁荣校园网络文化。实施家校共育。探索将优秀网络文化成果纳入科研成果统计、列为教师职务职称评定、晋级条件、作为师生评奖、评优、评优的依据。

（6）科研育人。

修改《学校教科研制度》《学校教科研奖惩条例》，完善科研评价标准和"一中学术委员会"学术评价标准。充分发挥"苏州市道德与法治学科示范中心"和"特级教师工作室"的示范引领作用。开展"课题进课堂"教研活动，开展道德与法治课程方面的课题申报与研究，鼓励教师特别是"思政"教师积极参加校内外各项教科研活动，撰写教育教学论文，培养教师教科研团队精神和协作意识。

（7）管理育人。

完善校规班纪，规范学生管理，上好班会课。加强道德与法治教育，实施以德治校与依法治校、依法治教相结合，把规范管理的严格要求和春风化雨、润物无声的教育方式结合起来，促进教育治理能力和治理体系现代化。

五、加大推进课程思政建设力度

（一）深刻认识课程思政的时代价值

课程思政最初是针对高校思想政治教育提出来的，而课程思政所折射出的大思政观、协同育人理念、融合育人思想，对初中教育教学同样具有重要的指导意义和实践价值。

近年来，张家港市第一中学把习近平新时代中国特色社会主义思想作为课程思政建设的源头活水，把课程思政作为落实立德树人的根本性举措，全方位行动，持续性推进，牢牢把握住"教育者先受教育"这个难点和思想政治教育元素的"挖掘"与"融入"这个关键点。通过"课程思政"建设，爱党、爱国、爱人民、爱社会主义在师生中实现高度统一，"三全育人"格局加速形成。

按照结构化的模式构建课程思政价值观体系。从教学过程角度出发，按照授课前、授课中、授课后的教学规律，采用课前收集、课中学习、课后总结的思路，让学生主动参与到教学过程中来，在潜移默化中实现价值观收集、辨析、认可、施行的教育过程。

然而，我国不少教育工作者特别是广大中小学教师对课程思政的作用实施了解不多。他们始终认为专业课程教学目的在于向学生传授知识，提高学生的专业水平，以适应现代化社会发展的需要，并不关注在思想政治教育的作用。产生这种现象的原因是教师自身缺乏思想政治方面的意识，没有处理好"思政课程"和"课程思政"之间的关系。

另外，课程思政作为一项系统工程，目前仍处于起步阶段，还需不断深入探究课程思政教学规律，全面强化体系化、规范化建设，科学实施考核评估与效果评价等，需要中小学教育工作者不忘初心、牢记使命、坚定方向，才能圆满完成党和国家交给的任务，落实好立德树人根本任务。因此，学校需要加强党中央、国务院及教育部有关课程思政专题方面的文件、理论学习，利用座谈会、教学培训等方式，帮助教师加强对课程思政的认识。深入开展"思政课程"引领"课程思政"的课题研究，引导和鼓励各科教师进行研究与探索，寻求教书育人的有效方式，提高德育能力。

（二）突出党建引领

近年来，学校始终坚持以党建促改革，力求党建、业务双管齐下，让党建在思政课程和课程思政的课改中生辉。学校党总支在党建工作中加强政治学习，力求深入领会习近平新时代中国特色社会主义思想，以学习提高党员教师的政治水平和政治站位，使老师在各自的教育教学活动中能自觉将政治责任扛在肩上、挺在前头。

1. 加强组织领导，完善课程思政工作机制

成立以学校党支部书记、校长为组长的课程思政工作领导小组，完善党委统一领导、党政齐抓共管的工作格局，由教务牵头抓总、相关部门协调联动、教学单位推进落实。印发《推进"课程思政"工作实施方案》《全面深入推进课程思政实施方案》，进一步明确和细化课程思政建设的指导思想、工作目标、基本原则、建设内容、措施办法等，结合学校、学科及课程特点，梳理和挖掘思政元素，精心设计个性化课程思政内容。设立校级课程思政研究中心，推动形成课程思政"门门有思政、课课有特色、人人重育人"的良好氛围。完善"学校—学科—教师"工作闭环，努力提高教师在课堂教学过程中实施课程育人的积极性、主动性和创造性。

在加强思政课教学的同时，学校又"以党建引领业务，以业务促进党建"的方式在其他课程教学中落实了"课程思政"，将专业学习和健康人格的养成融为一体，切实将"教"与"育"有机结合。

2. 加强培训指导，提升课程思政教学能力

大力推进教师思想政治素养提升工程，充分利用线上线下培训、会议研讨、调研学习等多种途径，组织开展多元化、多层次、多轮次教师培训，引导广大教师树立课程思政理念，掌握课程思政育人方法。积极组织教师参加"教师课程思政教学能力培训"。鼓励支持广大教师学习和借鉴高校及其他中小学课程思政改革先进经验，加强互动交流，持续深化课程思政教学改革，进一步提升教师育人能力。

3. 加强示范引领，营造课程思政育人氛围

大力支持教师开展课程思政教学研究和教学改革，宣传推介课程思政教学改革先进典型，引导教师积极参与课程思政教学改革。先后组织全校教职员工课程思政工作会议5次，组织市级课程思政阶段性教学成果展2次，开展"初中思政课程引领课程思政的实践研究"课题研究1项，探索形成"制度文件—专题会议—项目建设—成果展示—评优推先"的课程思政建设路径，增强教师责任感、认同感和获得感，吸引和带动更多教师投身课程思政教学

研究和改革，不断提升立德树人质量和水平。

4. 加强跨学科教学，打造多学科课程思政样本

初中各学科教师要按照观念树立、机制创新、协同育人的逻辑深入推进。所有教师特别是初中思政教师要树立课程思政理念，加深思想认识。只有提高教师的思想认识，才能够保证教师在授课过程中把正确的价值观传播给学生。课程思政建设给教师提出了更高的要求，带来了更多的工作。同时，初中思政课教师对其他学科教师开展专题培训，确保每名教师都能挖掘各类课程所蕴含的思政教育元素和所承载的思政教育功能，通过集体备课和互相听课制度，把思想政治教育与专业课教学统一起来。学校统筹完善思政课与其他课程的相互衔接与协同，强调跨学科融合。如成立史地政大教研组，思政课教师与历史、地理教师联袂教学，从不同学科挖探和本学科的育人元素和育人价值，打通不同学科之间育人价值的联结。不同学科教师相互听评课、开展学科育人优课比赛……各科教师不仅要找准专业课程与思政课的结合点，不断增强课程思政建设的意识，还要通力合作，把握学生思想心理的脉搏，逐步实施全员思政、全时思政、全科思政的课堂教学，力求让课程思政润物无声，抵达"吃盐不见盐"境界。

5. 促进辐射引领

定期开展市内外学科研训活动。通过学科中心组、名师工作室、联盟等活动及与市内外薄弱学校的友好帮扶活动，带动省（市）内外兄弟学校道德与法治学科的同步发展。

培养党员先锋学科骨干。通过营造学习型的团队，创建务实型的教研模式等措施，探索循环互动的教师专业发展成长之路，推进教师由"纤夫"向"牧者"转变，培养一批积极投入初中道德与法治学科的教育教学骨干，为提高初中道德与法治整体教学质量竭力践行。

搭建互动平台。在学校"智慧校园"工程已经全覆盖的基础上，继续加强党员、思政课教师对"优教优学班班通"、智学网、V校等互动教学平台的使用，提高互动教学效益。引导师生和家长积极参与学校网站网络平台建设，关注学校微信公众号和"王毅名师工作室"微信公众号，使之成为师生查找资料、发布信息、分享成果的"大本营"。及时归纳总结，树立典型，予以推广。

六、保障措施

"课程思政引擎：初中道德与法治课程基地"建设是一项创新性的活动，我校高度重视这项工作。校领导通过外出考察、资料检索、校内研讨，决定全校开展学科育人课程教学，申报学科育人课程基地，在组织、制度、队伍、经费等方面全力提供保障，以确保项目课程的研究实践顺利进行。在全校共同努力下，一方面成立领导机构，整合力量，积极筹措建设资金，争取政府和社会等各方面的支持；另一方面加大课改宣传力度，激发师生双方面的积极性，加强教学、科研、管理、服务等各方面的协调，为课程基地的申报积极备战。

1. **组织保障**

成立课程基地建设领导小组。由徐晓华担任领导小组组长，全面负责学校学科育人工作的规划和实施。由王毅副校长担任副组长，具体负责学科育人课程的开发、研究、实施、落实、考核等工作。成员由校办、德育处、教务处、总务处等相关条线负责人组成，并发动广大教师广泛参与。

学校还成立了学科育人研究团队，主要由道德与法治、历史、语文、综合实践、美术、音乐、数学、物理、化学、计算机等学科方面的校内骨干教师组成，有较强的课程开发实施能力。同时还联袂苏州大学、江苏科技大学，为我校学科育人课程进行指导，为课程基地的建设提供强大师资支撑。

2. **制度保障**

建立项目建设相关的指导、调查、研讨等相应制度，按照统一规划、统一建设、统一管理的原则，实行目标管理，定人定岗定责。制定科学的管理指标体系、培训制度等，以制度来保证项目的深入开展。另有张家港市教育局基教科负责组织领导与活动举办等政策支持。

3. **师资保障**

学科组聘请省内外专家、苏州市教科院和张家港市教师发展中心负责业务指导与活动举办等业务帮助。同时，着力打造"课程基地名师"工程，积极组织教师参加学历深造和各级培训，积极开展校本教研活动，大力开展教师梯队建设。鼓励教师制定职业生涯规划，引导教师开展科学研究并实时监控。

4. 经费保障

学校除了提供学科发展基地及相关设施设备外，将按照建设规划内容，加大投入，尤其在环境建设、设施配备、师资培训、资料搜集、活动开展等方面保证经费的落实，加大图书馆和阅览室、工作室及电子设备等建设投资，拿出一定资金，用于教师培训、购买或教材编写、资源开发、文化氛围的创设。学科组积极向省市财政申请划拨学科基地建设的专项资金，以财政拨款、学校自筹、社会资助等资金运作方式，确保各项资金及时配套到位、专款专用。

5. 社会支持

（1）苏州大学、江苏科技大学马克思主义学院相关教授、专家把脉、引领。

（2）学校所在社区开展丰富多彩的社区文化等活动，市内外联盟学校和同学科名师专家的引领与鼎力支持。

（3）学校所在地公安局、检察院、法院、司法局提供观摩、法律咨询与帮助。

（4）本地实力企业为学科组教师或学生活动提供场地和指导。

第三节　课程思政建设的显性成效

自张家港市初中道德与法治学科中心组于2017年10月在我校成立以来，在上级教育主管部门关心支持和校长室正确的领导下，张家港市第一中学思政课程和课程思政建设步入了发展的快车道，无论是课堂教学实践还是理论探索都取得了可喜的成效。

一、主要成果举隅

（一）学科示范中心建设初见成效

通过一年多的努力，我校初中道德与法治学科示范中心在硬、软件建设方面都取得了一定成效，也受到社会广泛关注。

1. 省市专家的肯定

2020年11月,江苏省教科院王彦明博士到我校调研,对我校的学科示范中心建设给予了高度评价。

2021年11月16日,苏州市教育局基础教育处组织的专家组对我校的"苏州市初中道德与法治学科示范中心"进行实地视导调研检查。专家组通过实地考察、访谈、听取汇报、查阅资料、意见反馈等程序,对我校道德与法治学科示范中心设施建设理论探索、实践育人等多方面建设给予高度的肯定。

2. 提出并打造特色鲜明的"向格德育"

学校在推行"共享阳光,分担风雨,健康成长,德润一生"的"阳光德育"基础上,学科组结合百年校史,提出了富有本校特色的"向格德育"。通过日常"向格之星"评选、开展"向阳而立,向格而行""怒放青春,向格成长""青春如歌,实践优格""诵读经典,向格飞扬""以诚筑格,爱心永续""开学第一课:强国有我,思政先行""团队展风采、红心永向党"等系列活动,积极构建格调、格致、格韵、格量、格善、格业、格尚"七格"德育体系。2020年11月17日,《中国教育报》"教改风采"栏目专题报道我校的"向格德育";《江苏教育》2020年第75期封三专题介绍我校的"向格德育";2020年12月3日,分管德育的王毅副校长代表苏州市在江苏省初中学校"文明礼仪与学校文化"研讨会上就我校的"向格德育"做专题发言,通过视频、图片和文字方式,向全省130所初中学校分享了我校"向格德育"文化建设经验,受到与会领导和同行的高度赞扬。2020年12月10日,《苏州日报》融媒体以《张家港市一中创建发展"向格"德育特色品牌》为题报道我校的"向格德育"。

(二)课题研究的成果

1. 成果表达方式

(1)《关于"课程思政"的调查问卷》

(2)《课题诊断报告》

(3)《初中"思政课程"引领"课程思政"的实践研究》开题报告

(4)《初中"思政课程"引领"课程思政"的实践研究》论文汇编

(5)《初中"思政课程"引领"课程思政"的实践研究》研究报告

2. 实践转化

（1）《初中"思政课程"引领"课程思政"的实践研究》案例汇编

（2）《初中"思政课程"引领"课程思政"的实践研究》音像资料

（3）《初中"思政课程"引领"课程思政"的实践研究》媒体报道

3. 显性成果

（1）发表的论文（表1）。

表1 发表的论文

序号	作者	时间	论文题目	报纸杂志名称	级别
1	王毅	2022	《基于学习进阶的法律术语教学》	《思想政治课教学》	中文核心期刊
2	张军 王毅	2022	《初中课程思政建设琐思》	《教育研究与评论》	省级
3	王毅 徐晓华	2023	《家校社联动推进青春期教育的路径探索》	《江苏教育》	省级
4	王毅	2021	《在议题式教学中培育核心素养》	《初中生世界》	省级
5	王毅	2020	《议题视域下初中道德与法治"问学"课堂》	《江苏教育》	省级
6	张小惠	2021	《议题式教学情境优化的三个维度——以"敬畏生命"为例》	《初中生世界》	省级
7	胡宸铱	2021	《"创新永无止境"课堂实录》	《初中生世界》	省级
8	胡宸铱	2021	《议题式教学：初中"道德与法治"教学新样态》	《新教育》	省级
9	林晓芹	2022	《运用议题式教学方式提升学生理性思维和人文素养的实践探究》	《中国教师》	省级
10	林晓芹	2021	《初中道德与法治课运用议题式教学促进学生深度学习的实践与反思》	《中小学教育》	省级
11	肖啸	2021	《议题式教学是培育学生理性精神的新路径》	《新课程导学》	省级
12	钱佳	2021	《有效情境，让议题式教学"活"起来》	《新课程导学》	省级
13	张军	2020	《"向问"课堂，引领教学新常态》	《江苏教育》	省级
14	张军 王毅	2020	《择高而立 向"格"而行——江苏省张家港市第一中学德育发展侧记》	《中国教育报》	国家级

（2）公开课（表2）。

表2　公开课

序号	授课人	时间	课题	组织单位
1	王　毅	2022	"感受生命的意义"	江苏省中小学教研室
2	王　毅	2022	"让家更美好"	苏州市教育科学研究院
3	王　毅	2021	"推动和平与发展"	苏州市教育科学研究院
4	王　毅	2021	"国家行政机关"	苏州市教师发展学院
5	王　毅	2020	"青春萌动"	苏州市教育科学研究院
6	王　毅	2020	"做负责任的人"	苏州市教育科学研究院
7	张　军	2020	"对自己的行为负责"	苏州市教育科学研究院
8	胡宸铱	2020	"基本经济制度"	张家港市教师发展中心
9	胡宸铱	2020	"共圆中国梦"	张家港市教师发展中心
10	胡宸铱	2021	"守护生命"	江苏省名师空中课堂
11	胡宸铱	2021	"增强生命的韧性"	江苏省名师空中课堂
12	陆　燕	2020	"根本政治制度"	张家港市教师发展中心
13	陆　燕	2020	"爱在家人间"	张家港市教师发展中心
14	陆　燕	2021	"我们的情感世界"	张家港市教师发展中心
16	林晓芹	2022	"多彩的职业"	苏州市教育科学研究院
17	林晓芹	2022	"中国担当"	苏州市教育科学研究院
18	林晓芹	2021	"关心国家发展"	苏州市教育科学研究院
19	林晓芹	2021	"生态优先　绿色发展"	张家港市教师发展中心
20	林晓芹	2020	"共圆中国梦"	苏州市教育科学研究院
21	林晓芹	2020	"让友谊之树常青"	张家港市教师发展中心
22	李　东	2021	"增强生命的韧性"	苏州市教师发展学院
23	唐　媛	2020	"增强生命的韧性"	苏州吴中区教研室
24	钱　佳	2022	"中国的机遇与挑战"	张家港市教师发展中心
25	钱　佳	2021	"爱在家人间"	苏州市教育科学研究院
26	钱　佳	2020	"谋求互利共赢"	苏州市教师发展学院
27	钱　佳	2020	"与世界共发展"	张家港市教师发展中心
28	钱　佳	2020	"做负责任的人"	苏州市教师发展中心
29	肖　啸	2022	"坚持国家利益至上"	张家港市教师发展中心

续表

序号	授课人	时间	课题	组织单位
30	肖啸	2022	"法律为我们护航"	张家港市教师发展中心
31	肖啸	2022	"青春心向党"	张家港市教育局
32	肖啸	2021	"我与集体共成长"	苏州市教师发展学院
33	沈烨	2021	"中国担当"	校际交流
34	集体	2021	参加名师展示课活动	苏州市教科院与张家港市教师发展中心

（3）专题讲座（表3）。

表3　专题讲座

序号	开设者	时间	讲座名称	组织单位
开设专题讲座				
1	王毅	2023	《思政课程领航课程思政》	苏州市教育科学研究院
2	王毅	2023	《走进课程思政》	张家港市教师发展中心
3	王毅	2022	《践行新课标，赋能新课堂——兼谈议题式教学》	苏州市教育科学研究院
4	王毅	2022	《大思政下思政课程与课程思政协同育人》	张家港市教师发展中心
5	王毅	2022	《思政课程建设摭探》	张家港市教师发展中心
6	王毅	2022	《议题式教学设计路径及课例展示》	万维中考研究院
7	王毅	2022	《新课标下的议题式教学》	张家港市教师发展中心
8	王毅	2022	《议题式中考复习》	张家港市教师发展中心
9	王毅	2021	《初中思政教师素养"修炼"》	张家港市教师发展中心
10	王毅	2021	《从"思政课程"到"课程思政"》	张家港市教师发展中心
11	王毅	2020	《从"育分"向"育人"回归——兼谈初中议题式教学》	常熟市教育局教研室
12	王毅	2020	《初中道德与法治课议题式教学的课题追求》	张家港市教师发展中心
13	王毅	2020	《摭谈初中"思政"议题式教学》	常熟市教育局教研室
14	王毅	2020	《初中"思政"课议题式教学的课题追求》	张家港市教师发展中心

续表

序号	开设者	时间	讲座名称	组织单位
开设专题讲座				
15	王 毅	2020	《初中"思政"课议题式教学的课题追求》	新沂市教师发展中心
16	王 毅	2020	《课程基地与校园文化建设》	江苏省教育科学研究院
17	王 毅	2020	《不同学段基于课程标准的法律教学》	张家港市教师发展中心
18	王 毅	2019	《议题式教学课题设计》	宿迁市中小学教学研究室
19	张惠英	2021	《从"学科教学"到"学科育人"》	张家港市教师发展中心
20	胡宸铱	2019	《同题异构,探寻"议题"式教学新模式》	张家港市教师发展中心
21	胡宸铱	2020	《议题式教学——初中道德与法治教学新样态》	张家港市教师发展中心
课题组外聘专家讲座				
22	朱开群	2020	《一魂四题:活动型课程的实施路径——谈议题式教学》	张家港市教师发展中心

(4)其他获奖(表4)。

表4　其他获奖

学校获得的荣誉				
序号	获奖单位或个人	时间	奖项名称	授奖部门
1	张家港市第一中学	2022	江苏省初中思政课程基地	江苏省教育厅
2	张家港市第一中学	2021	江苏省中小学思政育人特色学校	江苏省教育厅
3	张家港市第一中学	2022	苏州市"思政领航——四有好教师团队"重点培育学校	苏州市教育局
4	张家港市第一中学	2021	苏州市大中小学思政一体化教育联盟首批学校	苏州市教育局
5	张家港市第一中学	2020	苏州市初中道德与法治学科示范中心	苏州市教育局
6	张 军	2020	杏坛公仆	张家港市教育局

续表

教师获得的荣誉				
7	王　毅	2020	江苏省教科研先进个人	江苏省教育科学研究院
8	胡宸铱	2020	港城教育青年拔尖人才	张家港市人力资源部、教育局
9	胡宸铱	2021	张家港市教育系统优秀"园丁先锋"	张家港市委教育工委
10	武　燕	2020	苏州市学科带头人	苏州市教育局
11	肖　啸	2022	苏州市学科带头人	苏州市教育局
12	肖　啸	2022	苏州教育时代新人	苏州市教育局
13	肖　啸	2021	入选全国乡村优秀青年教师培养计划	教育部
14	肖　啸	2022	张家港市"美德园丁"	张家港市教育局
15	肖　啸	2022	苏州市优秀教育工作者	苏州市教育局
16	肖　啸	2020	苏州市青年教师教坛新秀"双十佳"	苏州市教育局
17	钱　佳	2020	苏州市青年教师教坛新秀"双十佳"	苏州市教育局
18	钱　佳	2021	苏州市教学设计一等奖	苏州市教育科学研究院
19	钱　佳	2021	苏州市道德与法治评优课一等奖	苏州市教育科学研究院
20	钱　佳	2021	张家港市评优课一等奖	张家港市教师发展中心
21	陆　燕	2020	苏州市政治素养竞赛	苏州市教育局

（三）课程思政基地项目建设成果

1. 理论成果

（1）学科课程基地创建材料汇编与校本课程编印出版。

（2）在省级及以上媒体发表一批高质量的研究论文和调研报告。

（3）架构"思政育人"体系，形成学科教育教学样本。

（4）建立初中道德与法治学科评价机制。

（5）建成初中道德与法治课程基地资源库。

（6）凝练初中道德与法治课程基地建设范式。

（7）打造学校发展特色品牌。

2. 实践成果

（1）建成"一心""两室""三基"场馆。

（2）"四有"好教师的数量不断提升，学校骨干教师梯队更加合理，初步形成一支政治强、情怀深、思维新、视野广、自律严、人格正的学科教师队伍。

(3) 学科课程基地活动实录（图片、视频等）。
(4) 学科教学质量、师生获奖作品及获奖证书等。
(5) 拥有市内外校际联动的线上和线下交流平台。
(6) 建立学校和学科组建设宣传平台。
(7) 产生较大的社会效应。

二、获得的荣誉

（一）学校获得的荣誉

近年来，学校在教育教学改革、教育质量提升、师资培养等方面进行了积极探索与实践，取得了骄人成绩：先后获得了全国数字化家育示范校、全国青少年校园足球特色学校、江苏省教育现代化示范初中、江苏省实施教育现代化工程示范初中、江苏省首批和谐校园、江苏省智慧校园示范学校、江苏省体育传统项目学校、江苏初中课堂教学改革先进学校、苏州市教科研先进学校、苏州市"四有"好教师"思政领航"重点培育团队、苏州市青少年数字公民培育计划项目学校、苏州市艺术教育特色学校、首批苏州市人工智能教育实验学校、苏州市智慧校园发展水平四星级校园、苏州市义务教育管理示范学校以及张家港市级教育、教学、教科研等各类荣誉。

（二）德育方面的荣誉

张家港市第一中学始终坚持"育人为本、德育为先，能力为重，全面发展"的育人理念，积极践行课程育人、环境育人、文化育人、活动育人、实践育人、管理育人、协同育人，除了上述获得的学校荣誉之外，近年来，我校在德育方面取得了可喜的成就，获得了江苏省德育先进学校、江苏省首批和谐校园、江苏省中小学思政育人特色学校、苏州市文明校园、苏州市文明礼仪养成教育示范学校、苏州市艺术教育特色学校、苏州市家庭教育指导示范学校、苏州市中小学红色印记学校、苏州市中小学社团建设先进学校、张家港市品格提升工程项目建设学校、张家港市文明示范校园、张家港市德育特色学校、张家港市依法治教先进学校、张家港市安全教育特色学校、张家港市安全管理特色学校、张家港市"四有"好教师"思政先行"重点培育团队、张家港市戏曲曲艺校园传承基地等多项荣誉。

（三）思政学科组获得的荣誉

从获得张家港市"优秀教研组"到成立张家港市初中道德与法治学科示

范中心。

"向格德育"特色品牌从获得张家港市"品格提升工程"到苏州市"品格提升工程"立项。

思政学科组从苏州市初中道德与法治学科示范中心到江苏省初中道德与法治课程基地。

"思政先行团"从获得张家港市的"四有"好教师团队到"思政领航"荣获苏州市"四有"好教师市级重点培育团队。

从获得张家港市大中小学思政一体化建设先进学校到荣获苏州市大中小学思政一体化建设先进学校。

从获得苏州市中小学思政育人特色学校到荣获江苏省首批中小学思政育人特色学校。

从张家港市初中思政名师工作室领衔人到荣获"江苏省教科研先进个人"。

……………

三、良好的社会反响

1. 媒体的宣传报道

2020年10月,《江苏教育》杂志封三图文专题介绍我校的"向格德育";11月17日,《中国教育报》"教改风采"栏目专题报道我校的"向格德育";12月3日,我校王毅副校长在江苏省文明礼仪与学校文化系列研讨活动中作为苏州学校代表,作"向格"德育汇报,介绍我校向格德育建设情况。交流以"择高而立,向格而行"为主题,以学校历史为出发点,以"让每一个梦想都精彩绽放"为育人宗旨,通过校园文化建设和丰富的师生活动,陶冶了情操,丰富学生精神文化的同时内植了文明素养,受到在场专家和老师的一致好评。12月10日,《苏州日报》融媒体报道我校的"向格德育"。

2. 兄弟学校的参观考察

受媒体报道和参加活动汇报影响,我校的"向格"德育建设受到市内外兄弟学校的关注,有的电话采访,有的带队来参观考察。如苏州十六中、苏州文昌中学、苏州立达中学、一中联盟学校等多所学校前来参观考察。

四、下一步工作计划

1. 探索建构思政课核心教学内容模型

（1）建构教学与育人模型。学科组多举措试图变革教学方式和育人方式，努力建构富有本校、本学科特色"少教多学、思政育人"教学与育人模型。

（2）构建学生学科素养评价模型。从学科知识、学科思维、学科表达和迁移情境四个维度探索建构纸笔考试中评价学生学科核心素养发展水平的模型。

2. 开发丰富而有特色的课程资源

学校以道德与法治学科课堂教学改革为核心，形成德育、社团、体艺、创客等全面发展的课程群。围绕国家课程积极开发乡贤、礼仪、法治、环境、心理、时事等校本课程资源。

3. 积极探索学生实践创新的有效路径

（1）开设实践创新课。包括校领导在内的所有学科教师负责课表中每天下午文体活动课和每周开设两节机器人、3D打印、法治、辩论、领袖、文史等社团课；尝试学科融合，在道德与法治教育基础上增加人文、科技、艺术等内容，培养学生高阶思维、解决问题及动手实践能力。

（2）学科组教师利用双休日、节假日定期带领学生到"青少年实践活动基地"、科技馆、高新技术企业等地考察、体验。

今后，学科组将以课程规划的有效性为依托，以课程结构的重建为形式，以实施和管理的校本化为推进过程，以评价的反思改进为动力，进一步加强团队合作与研讨，强化资源共享，彰显学术魅力，努力推进思政课程和课程思政内涵式、高质量发展。

4. 进一步推进思政课程和课程思政的协同育人建设

（1）积极探索以育人为导向的课堂教学变革，提高多学科协同育人的实效性。

（2）开展跨学科主题教育教学活动。按照思政课教学要求，结合地方和学校实际，打破各学科之间各自为政的教学状况，积极组织开展跨学科主题教育教学活动。以跨学科主题教育教学活动的开展为抓手，开展学科间的研讨会、集体备课、学术沙龙、教学观摩，共同探讨学科育人的经验。

（3）充分挖掘各学科育人资源。在学校的组织下，充分发挥思政课教师的引领作用，挖掘其他课程和教学方式中蕴含的道德法治教育资源，让思政课教师与其他学科教师在学科育人目标、内容、方式方法等方面开展研讨，最终实现对学科育人资源的系统挖掘、系统呈现。

（4）探索学科育人的有效评价方式。开展任课教师每学期对每个学生进行学业述评活动，改变仅仅以考试成绩评价学生学习情况的做法，将学生思想政治素质作为评价的重要内容。学期结束时，开展学期述评，对学生的道德品质、思想政治发展情况进行总结性评价。

（5）开展跨学科教科研课题或项目联合申报，在课题研究或项目实施中不断改进学科育人和协同育人方式。

上述努力，让思政课与其他学科同向同行，形成育人协同效应。

参考文献

一、专著

[1] 陈华栋,等.课程思政:从理念到实践[M].上海:上海交通大学出版社,2020.

[2] 陈万柏.思想政治教育学原理[M].北京:中国人民大学出版社,2013.

[3] 陈万柏,张耀灿.思想政治教育学原理[M].武汉:华中师范大学出版社,2009.

[4] 黄卫华.从理念到实践:新时代高校课程思政路径探究[M].北京:北京工业大学出版社,2021.

[5] 教育部思想政治工作司.加强和改进大学生思想政治教育重要文献选编(1978—2014)[M].北京:知识产权出版社,2015.

[6] 阚雅玲名师工作室.课程思政探索与实践[M].广州:广东高等教育出版社,2021.

[7] 李薇,沈大明.多重视域下课程思政研究[M].北京:中国轻工业出版社,2022.

[8] 路敦才,周伟,孟兵丽.培根铸魂 启智增慧:课程思政建设的探索与实践[M].北京:中国地质大学出版社,2021.

[9] 沈壮海,王晓霞,王丹,等.中国大学生思想政治教育发展报告2017[R].北京:北京师范大学出版社,2018.

[10] 田洪鋆.批判性思维视域下课程思政的教与学[M].北京:法律出版社,2021.

[11] 习近平.习近平谈治国理政:第二卷[M].北京:外文出版社,2017.

[12] 谢瑜,等.思政课程与课程思政融合的教学研究[M].成都:西南交通大学出版社,2021.

[13] 张亚丹.大学生思想政治教育价值论[M].北京:人民出版社,2017.

[14] 中共中央党史和文献研究院.十八大以来重要文献选编:下[M].北京:中央文献出版社,2018.

[15] 周达疆,王镭,崔静,等.新时代学校课程思政建设研究[M].天津:天津人民出版社,2022.

[16] 朱丽霞.课程思政视域中的思想政治理论课"三合一"实践教学模式研究[M].武汉:武汉大学出版社,2021.

二、期刊

[1] 敖叶湘琼.思政课程与课程思政协同育人的价值意蕴与实践要求[J].教育教学论坛,2021(47):99-103.

[2] 陈静.课程思政的本质内涵及要素优化路径[J].佳木斯大学社会科学学报,2021,39(2):250-253.

[3] 高德毅,宗爱东.从思政课程到课程思政:从战略高度构建高校思想政治教育课程体系[J].中国高等教育,2017a(1):43-46.

[4] 高德毅,宗爱东.课程思政:有效发挥课堂育人主渠道作用的必然选择[J].思想理论教育导刊,2017b(1):31-34.

[5] 耿昕钰.发挥教师在"课程思政"建设中的关键作用[J].公关世界,2021(10):127-128.

[6] 韩宪洲.深化"课程思政"建设需要着力把握的几个关键问题[J].北京联合大学学报(人文社会科学版),2019,17(2):1-6,15.

[7] 黎仕明.课程思政元素挖掘的原则:以高职土建类专业为例[J].新丝路(下旬),2020(7):228-229.

[8] 刘承功.高校深入推进"课程思政"的若干思考[J].思想理论教育,2018(6):62-67.

[9] 刘娜,吴纪龙.提高思想政治理论课实效性应着力实现"六个转化"[J].思想政治教育研究,2019,35(3):75-79.

[10] 柳建安,闵淑辉,廖凯.专业课课程思政教学评价体系构建的研究

[J].黑龙江教育(高教研究与评估),2022(1):26-27.

[11]陆道坤.课程思政评价的设计与实施[J].思想理论教育,2021(3):25-31.

[12]邱伟光.论课程思政的内在规定与实施重点[J].思想理论教育,2018(8):62-65.

[13]石书臣.正确把握"课程思政"与思政课程的关系[J].思想理论教育,2018(11):57-61.

[14]王金崇.论中学教师"课程思政"素养的培育[J].教学与管理(理论版),2020(10):56-59.

[15]王巧玲,周彤,谢永宪,等."学科思政"的内涵、体系构建与实践[J].北京联合大学学报,2021,35(1):40-44.

[16]王仕民,汤玉华.新时代高校思想政治理论课创新发展探析[J].思想教育研究,2018(5):86-89.

[17]王学俭,石岩.新时代课程思政的内涵、特点、难点及应对策略[J].新疆师范大学学报(哲学社会科学版),2020,41(2):50-58.

[18]温潘亚.思政课程与课程思政同向同行的前提、反思和路径[J].中国高等教育,2020(8):12-14.

[19]吴月齐.试论高校推进"课程思政"的三个着力点[J].学校党建与思想教育,2018(1):67-69.

[20]吴增礼,欧妍池.思政课教师在课程思政建设中的角色定位与价值实现[J].马克思主义理论教学与研究,2021,1(4):115-123.

[21]徐琼霞.发挥关键课程作用 推进立德树人落实:《浙江省初中道德与法治学科教学基本要求(2021版)》学习体会[J].教学月刊·中学版:教学参考,2022(1/2):34-37.

三、报纸

[1]郭玉杰,卢黎歌.培养教师的课程思政意识与育人能力[N].中国教育报,2021-08-02(03).

[2]姜澎.上海高校:"思政课程"转身"课程思政"[N].文汇报,2016-10-30(3).

[3] 唐芳云.发挥"课程思政"培育时代新人的合力作用[N].广西日报,2019-05-09(008).

[4] 习近平.用新时代中国特色社会主义思想铸魂育人 贯彻党的教育方针落实立德树人根本任务[N].人民日报,2019-03-19(02).

[5] 余红剑,刘璐琳.深挖课程思政元素提升育人实效[N].中国教育报,2022-08-15(03).[6] 郑晋鸣,许应田."思政课程"与"课程思政"双轮驱动:南通大学以学术为本推进思政教育[N].光明日报,2019-04-02(08)。

  自党的十八大以来，习近平总书记高度重视学校教育工作，先后提出了一系列关于教育的新理念、新思想、新观点，思政教育更是关注的重点，特别是习近平总书记在学校思想政治理论课教师座谈会上的讲话，从党和国家事业长远发展的战略高度出发，深刻阐明学校思政课的重要意义，就如何办好新时代思政课明确思路、做出部署、提出要求。

  通过学习，我们深知中国共产党立志于中华民族千秋伟业，必须培养一代又一代拥护党的领导和拥护社会主义制度、立志为中国特色社会主义事业奋斗终身的有用人才。青少年是祖国的未来、民族的希望。办好学校思政课，是事关中国特色社会主义事业后继有人的重要保障。

  本书以习近平总书记关于学校思想政治理论课教师座谈会上的讲话精神为指导，在深入分析思想政治理论课的重要性的基础上，对课程思政的建设背景、本质内涵、价值旨归、课程思政的引擎、"大思政课"理念下的课程思政及跨学科学习等方面做了较为详细的阐述和论证。本书重点论述中学课程思政的现状、中学课程思政的实施路径，对各级学校理解课程思政，把握其内涵实质、现实意义和实践方式，有一定的参考价值。希望本书能够为贯彻落实习近平总书记关于教育工作的讲话精神、推进中学课程思政建设做出一点贡献。

  本书得到2022年江苏省基础教育内涵建设项目"江苏省中小学课程基地与学校文化建设项目"的资助。本书也是"思政课程引领课程思政"教育教学研究的一个阶段性成果，未来我们还需要在课程思政建设的探索与实践中不断完善、丰富研究成果，为推动中学课程思政建设做出更大的贡献。

　　本书在撰写过程中，参考和借鉴了不少专家和学者的成果，在此谨向他们表示衷心的感谢。由于作者水平有限，书中难免存在疏漏，恳请广大读者批评指正。

王　毅

2022 年 12 月